造船技术入门

[日]池田良穗 著
顾欣荣 译

机械工业出版社
CHINA MACHINE PRESS

船舶作为重要的交通工具之一，为我们的工作、生活以及娱乐提供了很多便利。如果你想了解船舶是由什么组成的，船舶是靠什么驱动前进的，如此庞大的船舶是怎么浮在水面上并向前行驶的，等等，这本书是你非常不错的选择。本书从造船方法到构成船舶的各种零部件的制造工艺，都有详细的图解，而且这些图中不仅有外形图，还有结构图、设计示意图，同时这些图又很简单，让人一看就懂，可读性非常强。

本书适合从事船舶行业的人员作为入门读物，也适合对船舶感兴趣的大众读者阅读。

ZOUSEN NO GIJUTSU
DOUYATTE KYODAINA SENTAI WO KUMITATERU? OKINA ENJINE HA FUNE NI DOU NOSERUNO?
Copyright © 2013 Yoshiho Ikeda
Original Japanese edition published by SB Creative Corp.
Simplified Chinese translation rights arranged with SB Creative Corp., through Shanghai To-Asia Culture Co., Ltd.

北京市版权局著作权合同登记　图字：01-2020-5233号。

图书在版编目（CIP）数据

造船技术入门 /（日）池田良穗著；顾欣荣译. —北京：机械工业出版社，2024.1

ISBN 978-7-111-74227-2

Ⅰ.①造…　Ⅱ.①池…②顾…　Ⅲ.①造船法　Ⅳ.①U671

中国国家版本馆CIP数据核字（2023）第215719号

机械工业出版社（北京市百万庄大街22号　邮政编码100037）
策划编辑：黄丽梅　　　　　　责任编辑：黄丽梅
责任校对：韩佳欣　张　征　　责任印制：张　博
北京利丰雅高长城印刷有限公司印刷
2024年1月第1版第1次印刷
130mm×184mm·6.875印张·148千字
标准书号：ISBN 978-7-111-74227-2
定价：49.00元

电话服务	网络服务
客服电话：010-88361066	机　工　官　网：www.cmpbook.com
010-88379833	机　工　官　博：weibo.com/cmp1952
010-68326294	金　书　网：www.golden-book.com
封底无防伪标均为盗版	机工教育服务网：www.cmpedu.com

前　言

　　船舶是个非常大且复杂的系统。据说一辆汽车是由约 5 万个零部件组成的，而一艘 20 万吨级的货船，其零部件数量却超过 20 万个。在建造一艘货船的时候，必须要把这么多零部件组装成一个能够在环境严酷的海面上安全且高效运行的系统。本书将为大家介绍造船技术以及构成船舶的各种零部件的制造工艺。

　　由于船舶的零部件种类繁多，本书无法全部涵盖到，但笔者花费了近 1 年的时间，不仅走访了多家造船厂，还对各类船用设备生产商进行了采访。其中最让人印象深刻的是技术人员巧夺天工的技艺，每一个零部件都经过了认真细致的设计以及高精度的加工。

　　现在，虽然韩国等国家也能建造大量船舶了，但这些船舶内部的许多设备依旧来自日本。我曾经在希腊有幸乘坐了一艘日本建造的渡轮，这是一艘二手渡轮，改了名字后继续活跃在希腊的海面上。我采访了渡轮上的船长和轮机长，他们激动地跟我说"日本的船用设备非常可靠，即便是二手船也很少出故障"，并且跟我说"希望能得到一份日本产船用设备的产品目录"。回国后，我联系日本船舶机械出口协会（船用设备生产商组成的业界团体）索要到了一份英文版的小册子，他们得到这本小册子后欣喜若狂。"Made In Japan"这几个字曾在世界海运界如雷贯耳。

在结束了江户时代闭关锁国政策的明治时代，日本的造船行业因国家政策的支持得到了振兴。因为当时的政府考虑到建造船需要很多配套设备，这样就能促进工业领域全面发展。由此日本的造船业飞速发展并建造出了不输给欧美发达国家的高性能军舰和商船。

日本在第二次世界大战中遭受了毁灭性的打击，但是造船业在战后最先迅速恢复成长起来。业内当时采用了最新的建造技术——分段建造法和焊接技术，在世界经济急速增长的潮流中引领着船舶向大型化发展，最终占到了世界造船量的50%以上。

除此之外，日本建造的船舶还获得了"日本船舶性能优越，即使进行二手买卖也能高价卖出"的好名声。能达到这样高的品质，离不开和日本造船业共同成长起来的船用设备生产商。

最近，日本人在聊天时不太会提到和船舶有关的话题了。虽然偶尔会有些关于豪华邮轮或深海勘探用的海洋调查船的话题，并且媒体也会提到一些相关的消息，但为船舶着迷的人的数量似乎正在逐渐减少。

比如日本中小学的教科书中关于船舶和航海的文章正在慢慢消失。笔者小时候的教科书中会清清楚楚地告诉我们，缺乏资源的日本进口原材料后，在日本国内进行加工使其增加了附加价值后再次出口国外从而使日本富裕起来，而无论是原材料还是产品都是通过船舶进行运输的。

这样的致富方式到现在仍没有改变。日本贸易量的99.7%是依靠船舶运输完成的。可以毫不夸张地说，正因为有了凭借船舶进行大量运输的方式以及靠着日本人极其细致认真的工作态度所制造出的高品质产品，才有了如今日本的繁荣。

有了称得上日本制造业高端技术结晶的各种船用设备，日本凭着这样的设备组装起来的船舶，到现在仍能在世界声名远扬。只需较少的能源就能运输大量货物的船舶对于人类来说是不可缺少的运输工具。本书若能使更多人对如此经济实用的船舶产生兴趣，那就能让笔者感到无比高兴了。

池田良穗
2013年9月

目 录

造船技术入门

前言

第 1 章　船舶的建造方法 ... 11

- 1-1　打造船体的材料和加工方法是什么？ ... 14
- 1-2　船舶的分段建造法是什么？ ... 18
- 1-3　船舶在下水仪式中诞生 ... 20

专栏 1　因为有浮力作用，船舶能实现节能运输 ... 24

第 2 章　船舶主机的制造技术 ... 25

- 2-1　选用哪种发动机为船舶提供动力？ ... 28
- 2-2　发动机部件的制造技术 ... 31
- 2-3　曲轴将活塞的上下运动转变成旋转运动 ... 35
- 2-4　发动机起动和冷却的机制是怎样的？ ... 39
- 2-5　活塞使用润滑油进行冷却 ... 42
- 2-6　发动机的组装技术 ... 44
- 2-7　发动机是如何安装到船舶上的？ ... 48
- 2-8　什么是紧急停船试验？ ... 52
- 2-9　船用柴油机的涡轮增压器是什么？ ... 54
- 2-10　涡轮和压气机的叶轮形状不同 ... 56
- 2-11　在安全、清洗、检查、清洁方面有哪些特别的措施？ ... 58
- 2-12　混合动力涡轮增压器的过人之处在哪里？ ... 60
- 2-13　什么是能量回收系统？ ... 62

- 2-14　配合主机工作的辅机起了哪些作用？ 64
- 2-15　为什么起动柴油机时必须有空气？ 66
- 2-16　电装除了照明还能干什么？ 68
- 2-17　发电机的额定功率是怎样决定的？ 70
- 2-18　船舶上都配备什么样的发电机？ 72
- 2-19　发电机制造技术 74
- 2-20　依靠主机工作的轴带发电机是什么样的？ 76

第3章　螺旋桨的制造技术 79

- 3-1　为什么把螺旋桨作为船舶推进器呢？ 82
- 3-2　为什么螺旋桨安装在船尾？ 84
- 3-3　螺旋桨和船体之间如何防止水的浸入？ 86
- 3-4　技术巧夺天工的"轴对中"是什么？ 88

第4章　船用舵机的制造技术 91

- 4-1　船用舵机的构造 92
- 4-2　船用舵机的必备性能是什么？ 94

4-3	让舵回转的机制	96
4-4	液压泵是舵机的"心脏"	98
4-5	船用舵机是如何制造出来的?	100
4-6	逐渐小型化的操舵台	102
4-7	在大海中航行的好帮手——自动驾驶仪	104
4-8	自动驾驶是怎样实现的?	106
4-9	自动驾驶仪仍在进步	108
4-10	船舶的"眼睛"——陀螺罗经	110

第5章 减摇鳍的制造技术 ... 113

5-1	什么是减摇鳍?	116
5-2	减摇鳍的设计技术	118
5-3	减摇鳍的制造方法	120
5-4	让减摇鳍大显身手的液压系统	122
5-5	减摇鳍制造完成后的测试	124

专栏2 大型船舶会变形的原因 ... 126

第6章 液压系统及系泊装置的制造技术 ... 127

6-1	安全停泊必不可缺的系泊装置	128
6-2	锚链和系泊缆绳是怎样卷上来的?	130
6-3	一体化的液压系统	132
6-4	液压系统的降噪技术	134
6-5	什么是电动系泊装置?	136
6-6	系泊缆绳是用什么材料制成的?	138
6-7	现在仍由工匠来制作的缆绳部分	140
6-8	用超级纤维制成的新时代缆绳是什么样的?	142

专栏3 如果没有浮力就无法支撑如此庞大的船体 ... 144

第 7 章　装卸设备的制造技术 145

- 7-1　船舶上是怎样装卸货物的？ 148
- 7-2　桅杆式起重机和甲板起重机谁更胜一筹？ 150
- 7-3　甲板起重机的构造是什么样的？ 152
- 7-4　甲板起重机的设计思路 154
- 7-5　甲板起重机的制造技术 156
- 7-6　不同的船舶装卸设备也各式各样 158
- 7-7　液货船是怎样装卸货物的？ 162
- 7-8　控制液体流动的蝶阀是怎么设计开发出来的？ 164

专栏 4　为什么船体越大越节能？ 166

第 8 章　通信器材和雷达的制造技术 167

- 8-1　国际海事卫星（通信卫星） 168
- 8-2　国际海事卫星船舶地球站使用什么样的天线？ 170
- 8-3　国际海事卫星船舶地球站的制造技术 172
- 8-4　国际海事卫星船舶地球站的装配技术 174
- 8-5　能经受严酷环境的国际海事卫星船舶地球站 176
- 8-6　雷达对于航海来说必不可缺 178
- 8-7　雷达天线能承受每秒 50 米风速的强风 180
- 8-8　雷达的"大脑"采用高性能的图像处理集成电路 182
- 8-9　雷达仍在日新月异地发展 184
- 8-10　易受海浪干扰的雷达里有了新研发的波浪观测装置 186
- 8-11　使船舶上也能时常连接互联网的卫星通信系统 188
- 8-12　船载地球站（ESV）的天线为什么那么大？ 190

专栏 5　压载水和物种入侵有什么样的关系？ 192

第9章　涂装技术 ··193

- 9-1　为什么船舶必须进行涂装？ ··································194
- 9-2　添加剂和颜料决定了涂料的功能 ······························196
- 9-3　涂料的制作要经过很多道工序 ································198
- 9-4　根据涂装的部位、海域和船速细致地进行涂料调配········200
- 9-5　利用光滑的船体表面实现节能 ································202
- 9-6　涂装质量会因涂装工艺得到很大改善 ························204
- 9-7　一眼就能看出涂层厚度的划时代涂料 ························206

专栏6　为什么在波浪中船速会下降？ ································208

第10章　救生艇制造技术 ··209

- 10-1　救生艇是用什么材料制造的？ ·······························210
- 10-2　救生艇的设计思路是什么样的？ ···························212
- 10-3　使救生艇耐用的制造技术 ····································214
- 10-4　通过坠落试验才终于成为合格品 ···························216
- 10-5　有即使翻覆了还能自行复原的救生筏吗？ ···············218

第 1 章
船舶的建造方法

建造船舶需要经过很多道工序。本章先以概要的形式来介绍其整体流程。

SANOYAS造船股份有限公司（水岛造船厂）的船坞和门式起重机。把在起重机左侧下方制造好的大型总段在右侧的干船坞里搭载（或合龙）到一起，一艘船就建造完成了。

第 1 章　船舶的建造方法

1-1 打造船体的材料和加工方法是什么？

船体是由钢、铝合金、玻璃钢（玻璃纤维增强塑料）以及木材等各种材料打造而成的。其中玻璃钢或木材用在长度最长十几米的小型船舶上，铝合金用在长度100米左右的高速船舶上，而长度超过100米的大型船舶则用钢来建造。

所谓钢，是以铁为主要元素，碳含量一般在2.0%以下并含有其他元素的金属材料。建造船舶时，使用的是低碳钢，即碳含量在0.13%~0.2%之间的钢。

另外，现在还使用一种相比于低碳钢抗拉强度更高的叫作高强钢的材料。由于使用高强钢可以把船体构件做得很薄，因此能使船体的重量更轻。

炼钢厂生产的钢板一般有两种，一种是用于制造汽车等的薄钢板，一种是用于建造船舶、桥梁和大楼的柱子等的厚钢板。

接到造船订单的造船厂的设计部门会绘制出建造船舶所需的各个零部件的图样，再根据作业进度给炼钢厂下钢材的订单以保证所需钢材及时就位。又大又重的钢材会通过船舶运送到造船厂。

造船厂装卸钢材的码头叫作钢板堆场。在那里，电磁起重机从船上吊起钢材放在堆场，然后在除锈之后涂上防锈剂，再根据设计图用火焰切割机等工具对钢材进行切割。现在都是使用按电脑读取的数据自动进行切割的数控切割机。

第 1 章 船舶的建造方法

在钢板堆场里,电磁起重机从钢材运输船上卸货。

按照设计图的尺寸用火焰切割机切割钢板零件。

经过如此处理后的钢板零件会继续进行弯曲加工或者焊接，这样先用零件组成小型分段，接着把这些小型分段组合到一起成为中型分段，最后再装配成大型分段。这个作业的过程分别叫作小组立、中组立、大组立。

钢材被焊接到一起，分段逐渐变大。

第1章 船舶的建造方法

船体搭载作业前的总段。

船体搭载作业前整齐堆放在门式起重机下的大型分段。门式起重机横架在分段堆场（左）和干船坞（右）上方，吊起的大型分段就这样在干船坞内进行组装。

1-2 船舶的分段建造法是什么？

如今，船体的建造都是把像楼房般巨大的分段放在船台或者船坞中进行连接组装，最后成为一艘完整的船。这种分段建造法随着起重机规格的发展进化成为高效的造船方法。

门式起重机的起重量已大幅提升到了800吨上下，使用两台这样的起重机就能起吊和移动超过1000吨重的巨型总段，这样就能缩短在船台或船坞里完成船体建造的作业时间。很多日本的造

船上的五层居住舱室也是一体化建成后再用起重机整体搭载到船上的。

SANOYAS造船股份有限公司（水岛造船厂）的船坞和门式起重机。把在起重机左下方建造好的大型总段在右侧的干船坞里组装到一起，一艘船就建造完成了。

第1章 船舶的建造方法

船厂都采用把分段尽可能大型化,再用巨型门式起重机吊起这些重800~1000吨的巨型总段并一一搭载到船台或船坞中,最后把它们焊接成一体的建造方法。

借助这一建造方法,一座造船用的干船坞一年内能建造10艘以上船舶。比如专门建造中型散装货船的大岛造船厂(日本长崎县)采用一座船坞内排列4艘船体同时进行建造的独特方式,仅一座船坞就能年产40艘船舶。正是这样的高生产率维持着日本造船业的产业竞争力。

在船坞内建造完成的船舶。照片中是SANOYAS造船股份有限公司的船只。

需要把一艘船分成几个分段,这些分段怎样进行制造、在船台或船坞内是否能按正确顺序迅速搭载起来,这些问题反映了造船厂的能力。

1-3 船舶在下水仪式中诞生

意味着船舶诞生的是下水仪式。如果是在船台上建造好的船舶,就先给停留在斜坡道上的船舶命名,接着便是切断缆绳(有

在船台上等待下水的海洋调查船"白岭"号。照片由三菱重工业股份有限公司下属造船厂提供。

第 1 章 船舶的建造方法

时也会在交付仪式上对船舶进行命名）。一旦切断了缆绳，吊置在船首的香槟酒瓶就会碎裂，然后松开止滑装置，船舶就会滑向大海。

而如果是在干船坞中建造好的船舶则是在船体建造完成后，向干船坞内注入海水让船体上浮就是下水仪式了。接着等船坞内部的水面和外部的海平面达到同一高度时，再打开坞门把船体牵引到外面。

最近在韩国等国家的造船厂里出现了另一种下水方式，即先在安装于陆地上的水平轨道上组装船体，接着再把它移动到海岸线，装载到下水驳船上，然后下潜驳船使船体上浮。

下水后的船体内部仍有许多工程没有完成。因此要停靠在舾

切断缆绳的场景。切断缆绳是切断连接所造船舶和造船厂的"缆绳"的仪式。

21

装码头进行船内的各种机械类设备和航海仪器的安装以及内部装修。舾装工程是让船舶具备其必要功能的施工作业。

一部分像管系安装等较复杂的舾装工程会在制作分段时同时进行,这被称为预舾装。由此在舾装码头的舾装作业就能迅速且高精度地进行了。

滑落下水。

为进行舾装作业移向舾装码头的"白岭"号。

第 1 章 船舶的建造方法

船舶起浮,下水完毕。

专栏 ① 因为有浮力作用，船舶能实现节能运输

船舶就像是一块巨大的铁块，它之所以能浮在水面上，是因为受到了浮力的作用。所谓浮力，是指水对船底向上的压力。

阿基米德在2000多年前就已经发现了"浸在液体里的物体受到向上的浮力，其大小等于物体所排开的液体所受的重力"这一原理，这便是著名的阿基米德定律。根据这一定律，边长为1米的立方体置于水中时，受到的浮力大小恰好是1吨水所受的重力，即如果该立方体的质量在1吨以下，就能浮在水面上。

若把该立方体做成一艘船，要使它正常航行，就需要在薄薄的钢制外板的内侧安上很多细细的骨架，从而尽可能建造出既重量轻又坚固的船体。接着在其内部再安装上让船移动的推进装置和用来装载货物的装置和空间以及靠港时的系泊装置等，一艘船的建造就完成了。这样的一个立方体，只要保证船体及其内部的种种装置，再加上装运的货物，所有这些的质量在1吨以下，该船就能正常航行。船舶由于受到来自水的浮力作用，仅需飞机消耗的数百分之一、货运卡车消耗的数十分之一的能源就可以运输货物。

所以，船舶无论是对减少使地球环境恶化的二氧化碳的排放，还是节约使用有限的石油、天然气等能源，都是十分有利的。可以说守护"玻璃地球"⊖的正是船舶这种交通工具。

⊖ 源自手塚治虫的《拯救玻璃地球》。——译者注

第 2 章
船舶主机的制造技术

要使船舶运动，主机（发动机）是必不可少的。本章给大家介绍又大又复杂且精密的船舶主机以及配合主机运转的辅机的制造技术。

曲轴加工专用的车铣复合机床加工曲轴的场景。机床是定制的。
照片提供/Makita 股份有限公司

2-1 选用哪种发动机为船舶提供动力？

为船舶提供动力的发动机叫作船舶主机。船舶主机主要选用柴油机。所谓柴油机，是指在气缸内通过活塞压缩空气产生高温，然后向气缸内喷入燃料，燃料与气缸内空气混合并自行燃烧，利

安装在 3 万吨级货船上的柴油机主机。

照片提供/Makita 股份有限公司

第 2 章　船舶主机的制造技术

用燃烧产生的压力使活塞获取动力的发动机。和安装在汽车上的汽油机相比，柴油机更能充分利用燃料，所以船舶上几乎都是柴油机。

柴油机由德国发明家鲁道夫·狄塞尔发明，B&W（现德国曼恩集团）及苏尔寿公司（现瓦锡兰苏尔寿柴油机公司）等欧洲生产商至今仍牢牢掌握着该类发动机的专利，但在生产制造方面日本和韩国目前处于世界领先地位。

这里我们来看下船舶主机生产商之一的 Makita 股份有限公司的工厂车间。该公司的本部位于香川县高松市，创立于 1910 年，曾建造船舶用的热球点燃式发动机，1927 年自主开发制造出了四

排列着成品发动机的出货仓库。正中间的发动机刚被台车运送进来。
照片提供 /Makita 股份有限公司

冲程柴油机，是日本柴油机的先锋。1973年，该公司和三井造船有限公司缔结技术援助协议，并获得B&W的授权，开始二冲程柴油机的制造，成为能生产制造2万马力（1马力=0.735千瓦）船舶用发动机的顶尖生产商。

Makita股份有限公司的发动机通常安装在1万~4万吨级的轮船上。因为功率有2万马力，所以主机非常大。普通客车发动机的功率最大也只有200马力，仅为它的百分之一。该公司发动机的气缸直径达到40厘米以上，发动机总质量为270吨，长11米，宽5米，高9米，相当于一栋三层楼建筑的大小。

蓝色屋顶是Makita股份有限公司的工厂。

照片提供/Makita股份有限公司

2-2 发动机部件的制造技术

对于船用发动机来说，具有极强的耐久性极其重要，因为汽车或飞机的发动机不需要连续数天不停地工作，但航海过程中的船舶发动机却必须昼夜不停地连续工作很多天。在这期间如果出现故障，船舶就只能随波逐流，甚至有可能造成重大的海难事故。因此，船舶发动机需要具备即使连续运转 10 万小时也不会出现问题的耐久性。

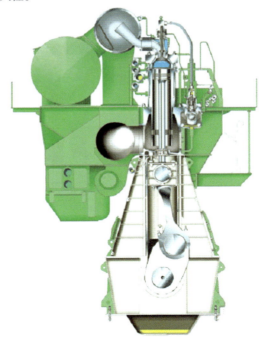

柴油机的内部结构图。　　　　　　　图片提供 /Makita 股份有限公司

这种船用发动机由 3000 种不同类型数量达到 30000 个的精细零部件构成。每一个零部件都是以微米精度加工而成的,然后将它们组装成一个巨大的发动机。

发动机的心脏是气缸和活塞。气缸是个筒状体,因为在气缸中燃料会发生燃烧,所以它需要能够耐高压和高温。同时活塞会在气缸内部做往复运动,因此气缸内部必须呈标准的圆筒状。要高精度地加工这个部件,通常需要使用数控机床。

数控机床加工活塞杆的场景。　　　　　照片提供/Makita 股份有限公司

第 2 章 船舶主机的制造技术

在数控机床上,筒状的铸铁材料一边旋转一边被车刀切削出它内外部的形状。气缸内表面乍看非常光滑,但其实在表面刻画着微米级的波纹状凹凸纹路。积存在这些纹路里的润滑油能减少气缸和活塞之间的摩擦。

密封气缸上端的是气缸盖。在这里有燃料的喷射口等,构造非常复杂,而且为了不让气缸内的燃烧气体泄漏,气缸盖必须和气缸结合得非常严密,因此结合面需要进行高精度加工。

龙门式加工中心(五轴加工中心)加工轴承座的场景。
照片提供 /Makita 股份有限公司

制造气缸的原材料是特种铸铁。
照片提供/Makita 股份有限公司

带有 32 把刀及自动换刀装置的数控机床。图中该机床正在加工气缸零件。
照片提供/Makita 股份有限公司

气缸内表面刻画着极细的凹凸纹路。　　　　照片提供/Makita 股份有限公司

2-3 曲轴将活塞的上下运动转变成旋转运动

将气缸中活塞的往复运动转变成螺旋桨的旋转运动的是曲轴。在曲轴上等间距地安装着传递活塞上下运动的连杆。

Makita 股份有限公司也加工生产这种曲轴,这种曲轴中尺寸最大的主轴直径有 472 毫米,质量达 26 吨。尽管随着活塞上下运动的连杆的行程是根据活塞的行程(上下可动距离)而定的,但为使能量利用率更高,有些长行程主机活塞的连杆行程可达 1.764 米。

曲轴专用数控机床正在加工曲轴的场景。　照片提供/Makita 股份有限公司

小型曲轴的坯料是一体锻造而成的,而大型的曲轴是把熔化的钢液倒入模具中先铸造出一个个零件,再组装到一起送往 Makita 股份有限公司的工厂。

这些坯料到了工厂会被安置在机床上。因为是非常大的钢材,所以乍看似乎非常坚固无法弯曲,但根据支撑的方式不同,因自身重量会造成其中间部位发生数毫米的弯曲。考虑到它的这一特性,就需要经过各种工序来保证加工时各段轴的轴心处于同一条直线上。

加工偏离曲轴轴心位置的连杆轴颈时,需要用到旋转刀具(铣刀)对连杆轴颈进行切削加工的特种数控车铣复合机床。由于这个连杆轴颈支撑着活塞连杆下端,所以加工这个部件时对精度有极高的要求。虽然基本由计算机控制的数控机床来加工,但最

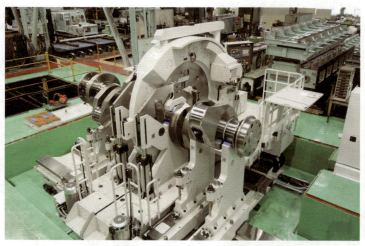

加工曲轴专用的特种数控车铣复合机床加工曲轴的场景。机床是定制的。
照片提供/Makita 股份有限公司

第 2 章 船舶主机的制造技术

加工曲轴专用的特种数控车铣复合机床加工曲轴的场景。机床是定制的。
照片提供 /Makita 股份有限公司

特种钢材。工人用特殊的切削工具进行作业。最终通过切削作业切削掉落的表层金属就像用刨子削的一样薄。

已制作完成的曲轴的连杆轴颈部位。

后对其表面进行的加工,需要操作人员具备高超技艺。

最终通过机床切削掉落的表层金属呈膜状,薄得像用刨子刨出来的上等鲣鱼片一样。据说用机床制作这种构造复杂的曲轴的工作人员最少需要 5 年以上的相关经验。

制作完成的曲轴组装进基座(发动机的支承部分)后的状态。

照片提供 /Makita 股份有限公司

2-4 发动机起动和冷却的机制是怎样的？

要让气缸内巨大的活塞起动并不是件容易的事。像汽车中那样的小型活塞是通过电动机来起动的，而大型船用发动机则通过向气缸内输送高压气体，让巨大的活塞动起来。因为柴油机是凭借活塞压缩气缸内气体制造出高温状态，再喷射燃料燃烧进行运转的，所以必须先让活塞压缩气缸内的空气制造出高温状态。

柴油机一旦起动，气缸内部接连不断的燃料燃烧会一直持续，因此必然导致气缸内的温度上升。气缸是由金属制成的，温度上

在卧式加工中心加工气缸盖的场景。

照片提供/Makita 股份有限公司

升,强度就会下降并且还会发生膨胀,这样就会影响活塞运动。因此,必须有冷却气缸的冷却系统。气缸外部被一种叫作冷却水套的筒状铸件包裹着,在该筒状铸件内部,冷却水自下向上流动。冷却水套和位于气缸上方的气缸盖之间由数根管道连接,冷却水流向气缸盖。而在气缸盖上还安装了排气阀箱,冷却水循环流向排气阀箱并返回到船体内的冷却水箱里。冷却水是添加了防锈剂的淡水。也许有人会觉得很不可思议,为什么不用四周取之不尽的海水呢?这是因为在发动机这样的精密机械里使用海水会造成腐蚀等问题。在气缸盖或排气阀箱中有很多让冷却水循环的冷却孔,它们也是用特种数控车铣复合机床加工出来的。

卧式加工中心对气缸盖自动加工后,工人在检查确认加工孔。

照片提供/Makita 股份有限公司

第 2 章 船舶主机的制造技术

在卧式加工中心加工气缸盖的场景。第一道工序完成后,使气缸盖翻转,进行第二道工序。　　　　　　　　　　　　　　　　照片提供/Makita 股份有限公司

用立式通用铣床加工连杆的场景。用液压螺母把轴承盖组装好之后,进行轴承部件的最后一道钻孔工序。

正在用热套法(把要插入轴的孔加热使孔径膨胀变大,再插入轴的方法,冷却后就固定了)安装凸轮轴。　　　　照片提供/Makita 股份有限公司

2-5 活塞使用润滑油进行冷却

和气缸类似，位于活塞上端的活塞头部位也经常因气缸内的燃料燃烧而处于高温状态，为防止其发生变形或龟裂也需要对其进行冷却处理。活塞头的冷却通常是使用润滑油，这个系统称为活塞冷却系统。

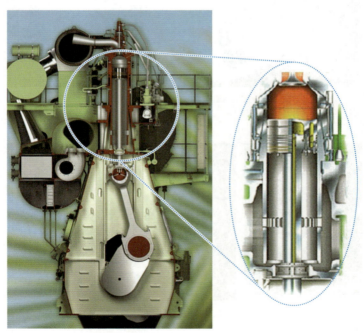

活塞冷却机制。放大图（右）中黄色部分表示冷却用润滑油所处的空间，呈纵向的长长的通道是入口，出口分成两条通道。

照片提供/Makita 股份有限公司

第 2 章 船舶主机的制造技术

在上下往复运动的十字头上接有一根叫作滑油伸缩管的特殊连接管，它连到发动机外部，润滑油经由这根伸缩管流进来后，通过竖在十字头上的活塞杆内部输送到活塞头内侧。积存在活塞头内侧的润滑油随着活塞的上下动作到处流动，使运动到气缸顶部的活塞头得到冷却。活塞头冷却后温度变高的润滑油沿着逆向路线滴落到发动机内部的最底部，最后再滴落到船体油箱里。

这些使发动机的气缸和活塞头冷却而变热的淡水和润滑油，使用外部的海水对它们间接地进行冷却。这套系统称为海水冷却系统。由于外部的海水温度会因是南部海域还是北部海域的差别以及季节变化而有很大差异，为了将冷却用的液体降到合适的温度，船员会通过海水泵来调节海水的循环水量。

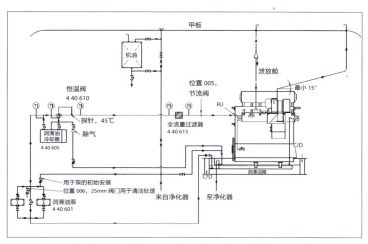

船舶内的润滑系统示意图。润滑油在发动机上的入口处分成轴承润滑和活塞头冷却两路，经过各个部件后在发动机底部汇合。

照片提供 /Makita 股份有限公司

2-6 发动机的组装技术

在 Makita 股份有限公司制造的船用发动机（柴油机）中，排列着 5~9 个做工精巧的气缸。各个气缸内部的燃料喷射和燃烧并不是同时发生的，而是依次隔着一定的时间间隔发生的。唯有按这样的运转方式，才能使巨大的活塞在上下运动时所产生的振动最小化。

触发燃烧的燃料喷射用一种叫作凸轮轴的机械传动装置控制。最近也出现了能控制燃料在最合适的时机向气缸内喷射的电子控制装置。

组装分成三个分段的发动机中最上层的"气缸分段"的场景。

照片提供/Makita 股份有限公司

发动机组装完成后,在试车车间里进行数日的试运转。

照片提供 /Makita 股份有限公司

通过功率计测量发动机输出功率的场景。

照片提供 /Makita 股份有限公司

在把近 3 万个发动机零部件一个一个精细地制作出来后，发动机的组装工作终于要开始了。Makita 股份有限公司使用的组装方法是独创的，那就是分段建造法。首先把巨大的发动机分成三个分段进行制造，然后再组装成一台完整的发动机。这种分成三个分段来制造的方法不但缩短了生产时间，还提高了制造精度。

组装完成的发动机不会直接安装到船舶上，而是首先在陆地上进行试运转以确认其性能。试运转时将设有和船上机舱中相同的控制室，并在与船上相同的系统环境中进行。试运转会持续 3~5 天，测试人员通过很多传感器来测试发动机是否能达到额定功率、气缸内是否会发生温度异常上升、燃料喷射的时机有没有问题等，并借助显示器进行监视。特别值得一提的是，功率计能用来直接测量发动机的功率，但仅限在陆上运转时测量。

陆上试运转用的发动机控制室。　　　　照片提供/Makita 股份有限公司

第 2 章 船舶主机的制造技术

进行陆上试运转的场景。工人正在用非接触式温度计测量各部件的温度。
照片提供/Makita 股份有限公司

进行陆上试运转的场景。工人们正在采集发动机各部件的性能数据。
照片提供/Makita 股份有限公司

2-7 发动机是如何安装到船舶上的？

建造完成并结束了陆上试运转的发动机会被运送到建造船舶的造船厂。到了造船厂，使用大型运输车来搬运发动机，但由于这种车辆尺寸太过巨大，无法在普通道路上行驶。

Makita 股份有限公司的出货工厂是面向大海而建的，发动机被起重量 250 吨的大型起重机整体吊起装载到驳船或者货船上经由海上运送到造船厂。有时造船厂的起重机起重量不够大，这时会分成三个分段分别运送。

新工厂的外观。对制造完成的发动机进行检查和出货的出货工厂。

照片提供 /Makita 股份有限公司

第 2 章 船舶主机的制造技术

而在造船厂，船上机舱周围的建造作业仍在进行着。在安置体积大、重量大且运转时还会产生剧烈振动的发动机部位时需要结构非常坚固的发动机基座。如果发动机基座不够坚固，就会和发动机发生共振或者在波涛中当船体大幅度摇摆时无法支撑巨大的发动机。由于作为巨型船舶主机的柴油机的转速为每分钟 100 转左右，所以非常有必要在设计制造时考虑到作用力会按照这个周期对零部件反复冲击从而导致金属疲劳发生断裂的情况。

柴油机的输出轴与螺旋桨轴连接，带动船尾的螺旋桨一起转动，因此柴油机的输出轴必须和螺旋桨轴完美匹配。将这两根轴的中心对准到一条直线上的作业叫作轴对中。安装发动机时要让发动机的输出轴和船尾侧的螺旋桨轴的中心在一条直线上，不过在发动机运转过程中会产生热量，在这样的状态中仍要保持两轴中心对准就需要做些微量的调节，这时高超的技术是必不可少的。

搬运发动机的大型运输车。　　　　照片提供 /Makita 股份有限公司

制造完成后被吊运出车间的发动机全貌。　照片提供/Makita 股份有限公司

第 2 章 船舶主机的制造技术

把发动机吊装到左侧建造中的船舶上。　　照片提供/Makita 股份有限公司

在造船厂，发动机将要吊装到船舶上的那一刻。
照片提供/Makita 股份有限公司

2-8 什么是紧急停船试验?

船上没有制动装置。当船即将发生碰撞需紧急停止,或者在港口离靠岸要后退时,会利用发动机本身的反转机构让曲轴反向旋转。

进行海上试验的场景。照片中是散装货船"春风号。"

照片提供／四国船坞股份有限公司

第2章 船舶主机的制造技术

发动机的操纵手柄。"START"的位置通过压缩空气实现运转。位于其上方的刻度表的位置使用燃油燃烧实现行驶,可以控制发动机转速。
照片提供/Makita 股份有限公司

如果船舶发动机比较小的话,也会和汽车一样始终让发动机曲轴朝着同一个方向旋转。要让螺旋桨反转,只需使用可以减少旋转次数的减速装置内的反转机构。而对于船用大型低速柴油机来说,因为它的转速已经低到每分钟100转,所以没有减速装置,因此要让螺旋桨反向旋转就必须改变发动机自身的活塞动作,让曲轴反向旋转。

水手给发动机发出倒车信号后,操纵装置内的电磁换向阀起动,对应着螺旋桨开始反转的那个时刻,向气缸内输送压缩空气,同时活塞开始反向动作。由于燃料也必须在这个时间点上喷射,所以燃油系统凸轮机构的一部分也会在利用压缩气体的气缸内变到反向位置,在反转的时间点上开始喷射燃油。

倒车试验中最大的亮点是在海上试航时进行的紧急停船试验(crash stopping test)。这是要让全速前进的船尽早停止并倒退的试验。该试验的英文名称是因为在实际试验过程中,船全速行驶时发出信号停止发动机(停车),同时切断燃油,等到船开始惯性滑行仍保持前进速度时执行发动机倒车操作。在这一瞬间,发动机会发出"轰隆"一声,就像发生碰撞(crash)时的声音,故而得名。

2-9 船用柴油机的涡轮增压器是什么？

在柴油机中，气缸内的空气被压缩达到高温状态，同时喷射燃油使之燃烧从而产生压力让活塞运动。这种气缸内的燃烧状态，空气越多燃油燃烧得越充分，因此只要强制向气缸内送入大量气体，输出功率就会更高，排放出的废气也越清洁。这种送入空气的装置就是增压器。

在增压器里，利用发动机废气能量使涡轮旋转，带动压气机提高柴油机进气压力的装置称为涡轮增压器。几乎所有的船用柴油机里都安装着涡轮增压器。

三菱重工业股份有限公司是船用柴油机涡轮增压器的日本生产商之一，在他们的长崎造船厂里进行制造。尽管世界上也有瑞士的 ABB 集团和德国的 MAN 集团等生产商，但三菱重工业股份有限公司的涡轮增压器有自己独特的特点，它的优点是对废气通过的扫气箱的冷却不使用水，所以不会发生腐蚀现象；采用了经

柴油机和涡轮增压器。
照片中的产品由三菱重工业股份有限公司制造。
照片提供／三菱重工业股份有限公司

第 2 章 船舶主机的制造技术

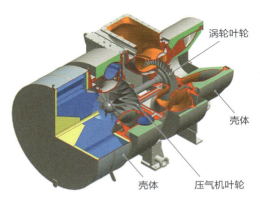

涡轮叶轮
壳体
壳体　压气机叶轮

涡轮增压器的内部结构。　　　图片提供／三菱重工业股份有限公司

久耐用的滑动轴承，一体化设计缸盖容易安装，以及精心设计轴承的布局，使其容易进行保养工作等。

　　涡轮增压器里有一根转轴，在转轴两端均装有叶轮，它们各自在不同的容器（壳体）中旋转。一侧的叶轮作为涡轮，被排出的高压废气带动旋转，它再带动另一侧壳体中的压气机叶轮高速旋转压缩空气，并把这些空气送到发动机里。

巨大的涡轮增压器全景。
照片提供／三菱重工业股份有限公司

55

2-10 涡轮和压气机的叶轮形状不同

涡轮侧和压气机侧的叶轮形状完全不一样。压气机侧的叶轮的形状非常复杂，由一块完整的铝铸件切削而成。使用由计算机控制的五轴联动数控机床加工。所谓五轴，是指机床有五个坐标轴，这种机床能凭借前端几乎可以自由自在活动的机械臂来处理复杂的切削作业。

这种机床用安装在机械臂前端的刀具（切削工具）按照设计图对铝质原材料进行切削，制作出带有很多叶片的结构复杂的叶轮。对于叶片前端的加工精度尤其高，因为叶轮是收纳在壳体中的，为了提高效率，需要让壳体和叶片前端之间的间隙尽可能小。

涡轮侧的叶轮呈圆盘状，在其周围有一圈叶片（刀片）。如左下图所示，各个叶片的根部形状像圣诞树一样，如此设计能让叶

涡轮侧的叶轮叶片。

压气机侧的叶轮叶片。

照片提供／三菱重工业股份有限公司

片在高速旋转时不会因离心力而发生位移。流进涡轮的发动机废气温度高达近600℃，铝质叶轮的温度会达到250~260℃，所以设计人员担心在叶轮上会发生叫作高温蠕变的龟裂。

因此制作叶轮的材料使用了一种叫作耐热铝合金的热稳定性较好的金属。由于会达到超过200℃的高温，叶片和壳体也会以不同比例膨胀，所以还需要考虑到工作时各部件的温度变化所产生的影响，为避免它们之间在旋转时发生接触，加工时的精度至关重要。

正在用五轴联动数控机床进行切削的压气机叶片部位。

照片提供／三菱重工业股份有限公司

2-11 在安全、清洗、检查、清洁方面有哪些特别的措施？

在制造连接两个叶轮的轴和支承这根轴的轴承时，对技术要求极高。特别是当发动机突然停止运转时，轴和轴承之间的高温可能会烧损这些零部件。

为了应对这种情况的发生，安装了自动供给润滑油保护轴承的装置。另外，为了防止万一叶片发生缺损时，碎片飞到外部，也下了一番功夫。

由于涡轮增压器是将柴油机的排气能量作为动力源，因此在使用过程中其内部会受到废气的污染而导致增压效果下降。所以让增压器的内部便于清洗，易于检查涡轮状态非常重要。

针对这种需求，在三菱重工业股份有限公司生产的涡轮增压器中，导入废气的进气口被设计成可拆卸式，如此一来只需把它卸下，就很容易对涡轮内部进行检查或清洗了。

另外，在清洗涡轮内部的污垢时，会使用捣得很细碎的核桃壳，用专门的清洗设备把它喷到涡轮的叶轮等部位清除污垢。

如果用水来清洗，有可能会导致处于高温下的零部件产生裂纹，因此使用固体颗粒进行清洗，而活性炭太硬，唯有核桃壳，无论从硬度方面看，还是从重量方面看，都是最适用于涡轮内部污垢清除的。

此外，它还富含油脂，因此具有防锈效果。同时作为天然的材料也不会污染环境，可以说它是一种对地球非常友好的研磨材料。

第 2 章 船舶主机的制造技术

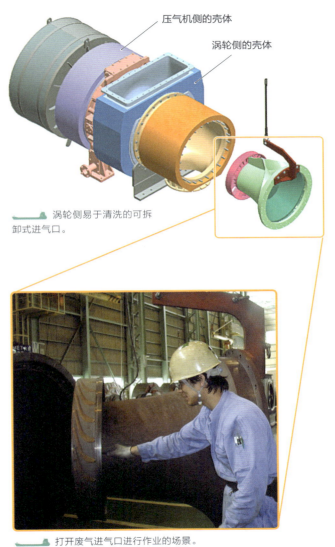

压气机侧的壳体

涡轮侧的壳体

涡轮侧易于清洗的可拆卸式进气口。

打开废气进气口进行作业的场景。

图片、照片提供 / 三菱重工业股份有限公司

2-12 混合动力涡轮增压器的过人之处在哪里？

船用增压器并不只是把大量的压缩空气送入柴油机内，它还有节能作用。三菱重工业股份有限公司最近开发并且商用化的混合动力涡轮增压器在压气机的轴上安装了发电机。

当从废气中回收来的能量超过为柴油机增压所需的能量时，这时发电机可以把多余能量用来发电；而当废气所能提供的能量

混合动力涡轮增压器的外观。　　　照片提供／三菱重工业股份有限公司

第 2 章 船舶主机的制造技术

不足时，发电机就变成电动机来帮助柴油机增压，使整体的能源效率得到提升。这样的设计类似于混合动力汽车的设计。

凭借这套机构能提高多余废气能量的回收效率，据称和过去的增压器相比能节省柴油机约 4% 的输出功率。而且其大小也和一直以来的增压器差不多，结构紧凑，安装时几乎不需要对柴油机部分进行任何结构上的调整，因此非常期待今后这种技术能被更多的船舶采用。

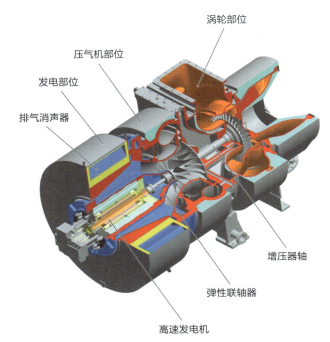

混合动力涡轮增压器的构造。　　图片提供／三菱重工业股份有限公司

2-13 什么是能量回收系统？

三菱重工业股份有限公司不但能生产把柴油机的废气用于提升柴油机功率的增压器，还能根据各艘船舶的特点量身定制可以全面回收能量以实现节能的能量回收系统。这里的关键点在于各个设备之间如何配合起来以提高能源效率，因此需要能够兼顾各个环节进行设计制造的高超的技术能力。

最简单的能量回收系统是利用增压器涡轮转动之后排出废气的余热。在这个系统中会用到叫作废气经济器的热交换器。这种热交换器里呈网格状布满了让水循环流动的细管，一旦高温废气通过这些细管之间，管子里的水就会沸腾。利用由此产生的蒸汽来驱动蒸汽涡轮发电，再把剩余的热量用于船内的空调系统或燃

能量回收系统示意图。　　图片提供／三菱重工业股份有限公司

第 2 章 船舶主机的制造技术

油加热。这里使用的废气经济器体积比较大，安置在烟囱内部和烟囱底部。

其具体运转机制根据情况不同，可以先让一部分从柴油机进入到增压器的废气经由旁通支管引入废气经济器，以增加热能供给量或者增加所产生的蒸汽量，除此之外也能把进入旁通支管的废气直接引入发电机，用燃气轮机（废气动力涡轮）来发电。尤其因为后者能直接利用废气能量，不需要体积庞大的废气经济器，使其整体成为一个结构非常紧凑的系统。

另外，前一部分所述的增压器本身内置发电机以借助废气的能量来发电的紧凑型系统已经投入实际使用，未来热回收技术也会不断得到发展。

能量回收系统实物图。　　　　　图片提供 / 三菱重工业股份有限公司

2-14 配合主机工作的辅机起了哪些作用？

在主机（柴油机）四周还安设着很多相关设备。这些设备就叫作辅机，正因为有了这些设备，柴油机才能正常起动和运转。它们简直就是一群默默无闻的无名英雄呢。

首先是向柴油机气缸内输送燃油的燃油泵。它主要采用能够以高压形式喷出一定容量燃油的齿轮泵。船舶上通常采用重油作

燃油日用舱和燃油泵。

燃油加热器。

第 2 章 船舶主机的制造技术

制取燃油加热器所需蒸汽的锅炉。用于给燃油加热等。

在润滑油送入发动机前清除油内杂质的润滑油净化器。

为燃料，特别是价格便宜但黏稠度非常高的 C 级重油（依据日本 JIS 标准分类）。由于 C 级重油一旦处于低温环境就会像煤焦油一样凝固起来，所以在输送进发动机气缸内之前必须对其进行加热，使它能顺畅地流动。燃油加热器可以利用流入加热盘管的高温蒸气将燃油加热到 120~150℃。这些蒸汽是通过锅炉产生的。航海过程中通常使用主机排放的高温废气来加热，但停泊时就要以燃油为燃料用锅炉来制造蒸汽了。

另外，作为精密机械的柴油机中使用的油是绝对不允许有任何杂质的。所以必须配备用来去除油的杂质的燃油净化器和润滑油净化器。一般采用离心机，通过让油高速旋转，利用离心力来清除杂质。

2-15 为什么起动柴油机时必须有空气?

起动柴油机时向气缸内注入压缩空气,先让巨大的活塞运动起来,再压缩燃料使其燃烧。

制造这种压缩空气的装置是空气压缩机。空气压缩机有各种各样的类型,船用空气压缩机通常选择能产生高压空气的往复式,从这种压缩机中出来的空气会被存储到叫作空气瓶的圆形塔状储罐中。

这种储罐配备两个,按照相关法律规定必须存储能起动主机12次的压缩空气。另外,要求空气压缩机也得具备在1小时内充满空气瓶的能力。这种压缩空气不但用于主机起动,还用于发电机起动、甲板上的小型气动起重机的动力源、居住区供水系统的压力源和驱动应急燃油截止阀等。

在船舶的机舱里,除了柴油机起动需要空气外,其他装置也需要大量的空气,例如发动机内的燃烧和锅炉等都需要空气。另外,其他各种机械设备运行时会发热,也需要吸入大量的空气来给机舱降温。船上为此安装有一个通风系统,通过安装在甲板上的菌型通风筒,使用轴流通风机从外部强制吸入空气。通风筒设计成菌型是为了防止雨水和飞溅的海水的进入。

第 2 章 船舶主机的制造技术

船上巨大柴油机的起动,需要向气缸内输送压缩空气,使活塞运动。照片中是制造压缩空气的空气压缩机。

通风筒

排放柴油机废气的烟囱和获取机舱所需空气的菌型通风筒。

2-16 电装除了照明还能干什么?

在船上不止照明,其他各种设备也需要用电。针对每一艘船不同的特点进行船内发电、供电以及电气设备安置相关的设计和施工叫作电气舾装,经常简称为电装。电装在船舶建造过程中也是非常重要的一项工程。

船上发电一般使用柴油发电机和涡轮发电机,不过由于利用产生推力的主机的旋转来发电的轴带发电机有更高的能源效率,所以也会使用轴带发电机。

船上现在使用的是交流电。曾经也使用过直流电,但从20世纪60年代开始,又轻又便宜的交流发电机普及开来,船上便都开始使用交流电了。由发电机产生的电能主要通过一种叫作三相三

在灯火通明的大型豪华邮轮上,除了照明,其他设备也需要用电。照片中是黎明前的豪华邮轮"嘉年华灵感"号。

第 2 章 船舶主机的制造技术

线绝缘系统的配电系统输送到船舶内部。一般船舶上的电压为 440 伏,而有些大型集装箱船或者大型豪华邮轮等需要大量电能,因此会采用 6600 伏或 11000 伏的高压配电系统。高压配电系统因其能够使用很细的电缆,所以电缆布置工作比较简单,但它必须要配备价格昂贵的高压配电板以及把电压降到 440 伏的变压器。

在进行电装设计时,首先要根据每一艘船的特点来估算其在停靠时、装卸货物时、出入港时以及航行时等所必需的电力。其次按预估的所需电力来决定发电机的安装台数和功率,另外还要根据大型电动机械在船内的安置情况来确定电缆布线走向和间距以及配电板的规格等。船上电缆的长度,30 万吨级的油轮约为 100 千米,8000 箱位的集装箱船约为 200 千米,11 万吨级的豪华邮轮约为 3000 千米。

离岸时,转动船体的首部侧推器由电动机驱动,需要使用大量的电能。照片中因为船头要向左转,所以首部侧推器将海水从右舷推出。

2-17 发电机的额定功率是怎样决定的？

　　电装设计时需要预估船内必需的电力来决定发电机的额定功率。由于船舶的大型化，船内所需电力也大幅度增加。1940年前后的船用发电机额定功率已经达到1600千瓦，但随着20万吨级油轮的出现，所需额定功率倍增到3000千瓦，而最近的大型集装箱船需要额定功率10000千瓦，11万总吨级的豪华邮轮需要额定功率60000千瓦。

　　因为集装箱船上装载着大量的冷藏集装箱，为保持低温就需耗费大量电力，为了离靠岸更容易一些，侧推器也需要大量电力。豪华邮轮上很多客房和宽敞的公共空间（谁都能进出使用的房间）的照明、空调以及烹饪等也都需要使用电力。

　　船舶所需的电力有个特点，就是在航行过程中会有很大的变动。尤其在出入港时或者注入和排放压载水时会在短时间内需要大量电力，因此必须要有确保以最大功率供电的发电机。

　　除此之外，船上需要经常对发电机进行保养和维护工作，而且为了以防万一，保证即使1台发电机发生故障也能继续安全航行，会配备3台以上发电机，且设计成两台发电机一起发电即可保证足够的电力输出。国际公约上规定达到一定吨位的船上必须再配备一台应急发电机。

　　由发电机产生的电能会被输送到机舱集控室中的主配电板上，在那里对船内各种用电设备进行电路开关、控制和保护等操作。

第 2 章 船舶主机的制造技术

安设在机舱集控室围壁处的主配电板。

侧推器

吊舱式推进器

系泊装置

电灯

航海仪器

起重机

船内各种用电设备。

2-18 船舶上都配备什么样的发电机？

现代船用发电机几乎都是交流发电机。发电机是应用电磁感应原理产生电流的设备。所谓电磁感应，就是指闭合电路的一部分导体在磁场中做切割磁力线运动，导体中会产生电流的现象。表示磁力线、导体运动以及电流方向的是著名的"弗来明右手定则"。

船用发电机多为旋转磁场型，即通过旋转安装了磁铁的转轴使其周围的导体中产生电流。交流电流就是以一定周期交替变换方向的电流，这个周期由旋转频率决定。要让转轴（磁铁）旋转需要使用专门的柴油机或涡轮机，不过最近也出现了利用主机的

安装在船舶机舱里的柴油发电机。

第 2 章 船舶主机的制造技术

主轴旋转来驱动的发电设备,叫作轴带发电机。

船上最常见的柴油发电机也用于陆地,但船上的发电机称为船用柴油发电机。船用柴油发电机顶级生产商之一是总部位于大阪的大发柴油机股份有限公司。

1907 年,该公司作为发动机生产商创立,随后公司改名为大发工业股份有限公司,并于 1966 年和轻型客车制造部门分离,新成立了大发柴油机股份有限公司。它生产的船用柴油机,功率从 73 千瓦到 8826 千瓦,主要用于发电,但也用作较小型船舶的主机。下图中所示的柴油机转速约为每分钟 1000 转,即所谓的中速柴油机,其特征在于轻便且结构紧凑。

上船前的柴油发电机。左侧是柴油机,右侧的方形箱子是交流发电机。

2-19 发电机制造技术

日本船用发电机的顶级生产商之一，日本东芝集团旗下的西芝电机，其总部工厂坐落在日本姬路市。该公司于1950年从东芝独立，主要生产陆地上使用的发电机和船用发电机及其控制系统。

让我们来看下发电机的制造过程。发电机的心脏是产生磁场的电磁铁。电磁铁呈线圈结构，位于中心的是用铁制成的叫作铁芯的芯棒，周围用很多圈铜线缠绕。铜线一旦通电，铁芯就会变成磁铁，其四周就会产生磁场。这些线图称作励磁线圈。

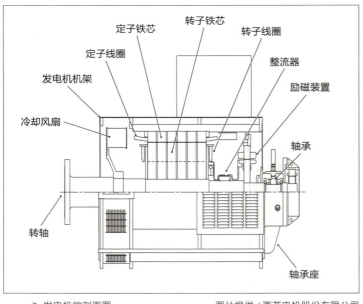

发电机的剖面图。　　　　　　图片提供/西芝电机股份有限公司

第 2 章 船舶主机的制造技术

电磁铁和原本就具有磁性的永磁铁不同,它具有仅在通电时才会有磁性,且 N 极和 S 极的位置会随电流方向发生变化,以及增加线圈上铜线的缠绕圈数会增强其磁性等特点。

在距离这种旋转着的电磁铁稍微有些间隙的地方环绕着大量缠绕着铜线的线圈,叫作定子。当旋转着的电磁铁的 N 极、S 极(转子)周期性交替靠近定子的铜线时,就会因磁通量变化而产生电流。

一边旋转一边产生磁场的转子的磁极。把无数铜线缠绕到由薄薄的钢板层叠成的铁芯上就制成了磁极。把多个这样的磁极安装到转轴上,就成了转子。

制作完成的转子。位于里侧的巨大圆形部件是冷却风扇。中间是 10 个铁芯上绕着铜线的磁极。　　　照片提供 / 西芝电机股份有限公司

定子安装在转子的外侧,在它的铁芯上有无数条细细的槽,在这些槽里嵌入铜线,就形成了定子线圈。

2-20 依靠主机工作的轴带发电机是什么样的?

所谓轴带发电机,即并非使用普通发电机用的小型柴油机来驱动,而是使用能推进船舶前进的大型柴油机来带动发电的发电机,因此它也被称为主机驱动发电装置。

大型柴油主机比发电机用的柴油机拥有更高的能源效率,而且能使用价格便宜的C级重油作为燃料,因此尤其被大型船舶广泛采

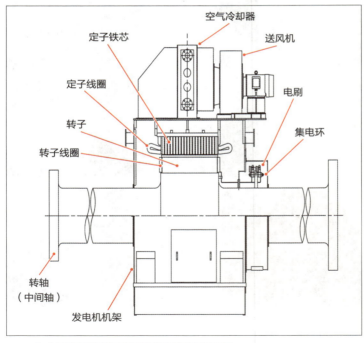

中间轴内置型的主机驱动发电装置的剖面图。

图片提供/西芝电机股份有限公司

用。代表性的轴带发电机有安装在柴油主机和螺旋桨之间的中间轴内置型，和安装在柴油主机的螺旋桨轴相反位置的悬伸型等。

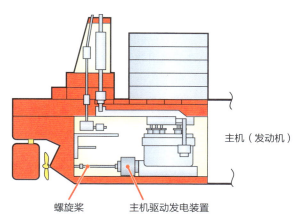

中间轴内置型的轴带发电机的安装。在主机和螺旋桨之间安装主机驱动发电装置。
图片提供／西芝电机股份有限公司

把作为电磁铁的转子（右边朱红色的物体）装入主机驱动发电装置的场景。
图片提供／西芝电机股份有限公司

大型船舶上配备的低速柴油机为了提升螺旋桨的推进效率，采用了每分钟 100 转左右的低转速。因此轴带发电机比普通的柴油发电机的体积更大。为了使其体积小型化，也有使用增速齿轮提升转速后再带动发电机的提速型轴带发电机。

另外，当海上剧烈的风浪导致船体大幅度摆动时，主机会无法以稳定的速度旋转，轴带发电机输出的电流将不再呈漂亮的波形（正弦曲线），而是变得杂乱无章。还有，为了改变船的运动速度需要改变主机的转速，这也会导致轴带发电机产生的电流的频率和电压发生变化。在这样的情况下，轴带发电机是无法作为航海仪器等精密仪器的电源的。

为此，可以使用变换器来进行控制，即把发电机所产生的电流暂时从交流电变为直流电，然后再重新变换回有稳定频率、电压的交流电。由于在控制这种变换器时也会消耗能量，所以在设计发电系统时需要将整个系统的总能耗与使用主机所获得的电能进行比较。此外，如果给轴带发电机供电，是可以把它当作电动机来使用的，在应急时能用来推进船舶。

第 3 章
螺旋桨的制造技术

大型船舶的推进器多数为螺旋桨。本章将为大家介绍螺旋桨的制造方法以及将其安装到发动机上的方法。

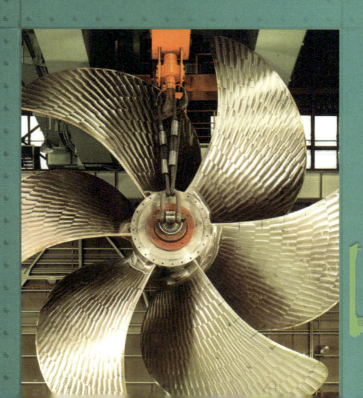

研究发生在螺旋桨上的空泡现象的试验。可以看出从螺旋桨叶梢产生的空泡呈螺旋状流向后方。
照片提供／中岛螺旋桨股份有限公司

3-1 为什么把螺旋桨作为船舶推进器呢？

船舶推进器将自然力、人力或机械力转变为船舶行进的推力。船舶推进器的种类繁多，有把风力转变为推力的风帆或旋筒，有以人力来推进的桨或者橹，还有使用机械力来作为推力的明轮、螺旋桨和喷水推进器等，可根据各自的用途选择使用。

大型船舶上最常见的推进器是螺旋桨。日文中使用スクリュープロペラ表示英文 screw propeller，其中 screw 有螺杆的意思，propeller 是推进器的意思，所以螺旋桨即是螺杆式推进器的意思。

其实最初人们确实是通过旋转像螺杆一样的螺旋形部件使船行驶的，但在一次试验中螺杆折断而脱落了一大截，剩下的部分反而使船速加快了，由此才出现了像现代螺旋桨一样的、在转轴上安装数个叶片的推进器，能提供最大的推力。随后其性能逐渐

从呈螺旋桨状的金属铸件开始准确地切削，就能加工成符合设计图的螺旋桨。

对螺旋桨表面的最后加工需要技术人员的高超技术。

照片提供／中岛螺旋桨股份有限公司

第 3 章　螺旋桨的制造技术

得到改进和提升，最终成了现在我们所看到的螺旋桨。

不过，螺旋桨在具体投入生产时会根据船的不同形状、发动机的转速以及船的不同航行速度等因素制造出最适合该船的形状。因此螺旋桨是每一艘船的定制部件，和船体一起进行设计和制造。这种船用螺旋桨的世界级顶级生产商之一是总部位于冈山县的中岛螺旋桨股份有限公司。

制造螺旋桨，先要把金属原材料加热熔化，接着再倒入细沙等制成的模具中，制作成螺旋桨状的铸件。这时的铸件还只是初步呈螺旋桨状的金属块，所以需要继续借助精密机械对它进行三维切削作业来进一步加工成正确的、符合设计图的螺旋桨形状。最后需要通过手工作业来研磨叶片表面，至此，高性能的螺旋桨才大功告成。

大型船舶用的巨型螺旋桨的直径超过 10 米。通过和照片下方拍到的人的对比，可以明白它有多大。
照片提供 / 中岛螺旋桨股份有限公司

3-2 为什么螺旋桨安装在船尾？

船的螺旋桨一般都被安装在船尾，这是为了能够获得更大的推力而刻意设计的。

螺旋桨具有在流体流速较慢的地方运转会产生较大推力的特点。而航行中的船的四周，流速最慢的地方就是位于船尾附近的水域。这是因为船体附近的水流会因流体黏性的作用逐渐失去动能，并沿着船体表面形成流速较慢的薄层，叫作边界层，而这边界层越往船尾会越厚。对于这种现象也可解释为由于产生了作用于船体表面的摩擦力等而导致失去了动能的那部分水流速度变慢了，这种速度较慢的水流叫作伴流。

船的舵位于螺旋桨后方。这是为了借助螺旋桨产生的快速水

制造中的散货船的螺旋桨。一片一片的叶片呈螺旋状安装，凭借把水向后方推挤所产生的力，使船获得推力。
照片提供/Sanoyas造船股份有限公司

第 3 章 螺旋桨的制造技术

流更好地增加作用于舵上的力,并提高舵的效率。

而对于螺旋桨来说,比较麻烦的问题是一种叫作空泡的现象。在螺旋桨叶片的边缘处流速很高时,该区域内的压力会下降。众所周知,当水的温度不断上升时会发生由液体转变为气体的沸腾现象。这种沸腾现象具有当压力变低时沸腾的临界温度也会随之降低的性质。在日常生活中,我们都见过水壶或者锅里的水沸腾了就会从水中不断咕嘟咕嘟冒出水蒸气的现象吧。

与此相同,螺旋桨叶片边缘区域的压力比蒸汽压力更低时也会发生这样的现象。这就是空泡,或者称为空穴现象。空泡会减小螺旋桨产生的升力,导致推力下降,引起振动,有时甚至会腐蚀螺旋桨表面。

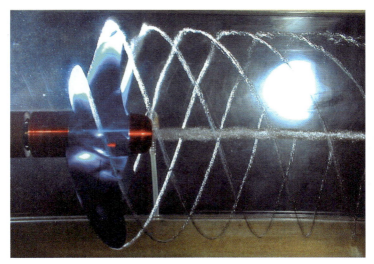

研究发生在螺旋桨上的空泡现象的试验。可以看出从螺旋桨叶梢产生的空泡呈螺旋状流向后方。　　　　　　　　　　照片提供 / 中岛螺旋桨股份有限公司

3-3 螺旋桨和船体之间如何防止水的浸入？

螺旋桨在船尾附近的船体外转动，通过螺旋桨轴与提供动力的主机连接。这套系统叫作轴系，其中汇集了很多极其先进的技术。

轴系在水面下差不多以水平方向穿过船体。从船体内贯穿到船体外的地方安装着尾轴管，驱动螺旋桨旋转的螺旋桨轴就在这

用来测定艉管中心的装置。该装置的中央有一个小孔，通过穿透轴心的激光束来进行确认。

第 3 章 螺旋桨的制造技术

根管道里高速旋转。

螺旋桨轴由高强度的锻钢制成,它的尾端设计成稍微变细些的圆锥形,螺旋桨就安装在这个位置。螺旋桨轴的另一端通过中间轴连接着船内发动机转轴。

不过大家有没有想过在艉管和螺旋桨轴之间应该是存在间隙的,为什么海水不会从那里渗入呢?是不是觉得有点不可思议?其实由一套叫作尾轴密封装置的巧妙结构升高了船体内部的压力,使海水无法渗入。另外,一旦吃水深度随船上装载的货物量发生变化,艉管浸没在水里的深度也会变化而使外部水压发生改变。因此,需要不断根据外部水压来调整船体内部的压力。

艉管和螺旋桨轴之间会发生摩擦。为了预防这种摩擦对零部件造成磨损也采取了相应的对策,就是在艉管内侧贴上用来减小摩擦的材料。以前使用过一种叫作铁梨木的木材作为该种材料。这种木头非常坚硬而且很重,当它和金属物质相互摩擦时会流出树脂从而减小摩擦,所以曾一度用于艉管上。不过现在都已经使用特种合成橡胶了。

工人正在检查轴心的场景。
照片提供 / 今治造船股份有限公司

3-4 技术巧夺天工的"轴对中"是什么？

船舶临近下水时，会在船尾装上艉管，通过艉管把螺旋桨轴从船尾插入并和发动机转轴连接，然后在船的外部进行安装螺旋桨的工作。

艉管的中心必须和从发动机伸出的转轴的轴心分毫不差地呈同心状态。因此需要进行叫作轴对中的作业。建造中的船体会因为焊接产生的热量等发生变形。另外如果是在夏季，船体上被太阳直射的面也会因高温而变长。所以船体上经常会有一些微小

对安装在船尾的艉管进行施工的场景。

第3章 螺旋桨的制造技术

的变形或者金属部件的尺寸时短时长的现象发生。造船技术人员要在这样的条件下把轴心对齐，真的是需要拥有巧夺天工的高超技术。

据说轴对中的作业多是在船体因温度产生的变形最小的早上进行。这项作业的主要任务就是要把艉管套到发动机转轴的轴心和位于船尾的舵的中心连接起来的一条直线上。

过去进行轴对中时，通常使用拉紧的钢琴线作为基准的直线，现在都是利用激光束。初步安装好的艉管孔中心不会与转轴轴心完全对齐。船体结构的制作精度是以毫米为单位，但轴心之间的偏差不允许超过1/100毫米，因此要在现场让艉管的中心和正确的

在受环境温度影响较小的时间段里测定艉管的中心位置，为使其呈笔直状，在现场对其内孔进行切削修正。

连接主机和螺旋桨的中间轴的一部分。

轴心位置对齐，就得切削修正艉管的内孔。

如此才能确保从螺旋桨到发动机的轴心线呈笔直状态。不过在螺旋桨与发动机之间还会安装轴承、减速器及轴带发电机等，唯有细致谨慎地作业才能让它们都顺畅地旋转起来。明明设计相同的两艘船，燃油效率却截然不同，或者其中一艘故障频繁，有时正是因为轴系施工的质量不同造成船的性能大相径庭。

第 4 章
船用舵机的制造技术

船用舵机是用来控制船舶行进方向的装置。本章给大家介绍这种具备超强的可靠性、使船舶能按指示动作的船用舵机的制造技术。

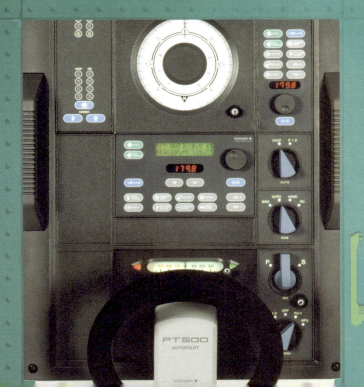

4-1 船用舵机的构造

"掌舵"一词，如同"国家的掌舵者"所表述的那样，含有对重大事件进行抉择的意思。"掌舵"这个词当然是从用来改变航向的"舵"发展来的，英语里叫作rudder。迎着水流时，使安装在船尾的平板舵转动一定角度就会产生推力，船尾就会横向移动，船就转弯了。

小型船舶仅靠人力也能使舵转动，而大型船舶的舵十分巨大，需要的作用力也非常大，因此实在非人力所及。于是就采用了从驾驶室以电信号的形式把有关舵角的指令发送给船尾的舵机，再通过液压系统把指令转变为液压缸的运动从而使舵转动。

日本船用舵机的顶尖生产商是三菱重工业股份有限公司。他们从1935年制造生产1号机以来已经连续生产了72年，在2007年更是取得了生产总台数达7000台的辉煌成绩。另外，从1993年开始，他们向韩国企业提供技术转让，使舵机在当地也能生产，因此在韩国建造的船舶有近一半都安装了三菱重工业股份有限公司的舵机。

三菱重工业股份有限公司生产的船用舵机被称为电液舵机，

安装在螺旋桨正后方的舵。
照片提供／关正哲

第4章 船用舵机的制造技术

因为它是通过电动机来使液压泵运转，再靠液压缸使转舵机构工作的。控制液压的装置有两种。

一种是由可变排量泵来控制液压。通过改变可变排量泵内部一块斜板的角度，控制液压油排出的方向和流量。这块斜板有些用力矩电动机来控制，有些通过机械连杆机构来控制。

另一种是通过电液换向阀来对固定排量泵的液压油流出方向进行控制。电液换向阀是一种能够使从液压泵流出的液压油流向指定液压缸的阀门。

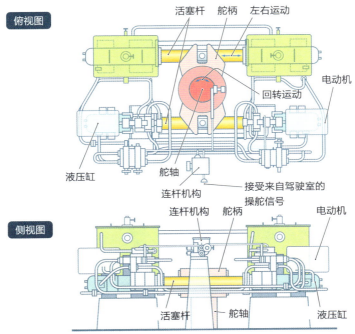

图中电液舵机采用的是机械连杆机构控制方式。使连杆机构动作的装置叫作执行器，由自动操舵仪的生产商提供。执行器的动力有由伺服电动机提供的，也有由液压缸提供的，这取决于自动操舵仪的生产商。　图片提供／三菱重工业股份有限公司

4-2 船用舵机的必备性能是什么?

船用舵机的基本作用是按照驾驶室发出的指令来调整舵的角度。当收到"舵角 5 度"的指令时,必须规规矩矩地把舵回转 5 度。这一操控动作是通过一个反馈系统进行的,安装在舵机上的传感器会检测舵角,并不断将其与指令角度进行比较来控制进入液压缸的液压油量。

这种反馈系统在我们的日常生活中也会用到。比如抽水马桶水箱里的供水会自动停止,是因为水箱中有一个测量水量的机构,一旦水满了就会自动停止自来水流出。

舵机的基本性能是可靠性。在很久之前,笔者曾从冲绳的那

驾驶室把信号传到位于船尾的舵所在位置正上方的舵机,让舵回转。

霸港口搭乘一艘小客货船前往先岛。就在刚离港准备南下时，船突然开始大幅度地做起了蛇行运动，这就是舵出了故障。但船马上停了下来，没有发生事故，但如果当时附近有其他船只或者是在码头附近的话，就很危险。

由于舵的故障有可能导致重大事故，因此对船用舵机最重要的一个要求就是"绝对不会失灵"，也就是高可靠性。所以在尽可能让其结构简单从而降低故障率的同时，也针对性地采取一些措施来保证就算出现故障也不会造成重大事故。

首先，从驾驶室到舵机的控制设施全部都设有两套，如此一来即使一套出了问题，还有另一套作为备用。这样的机制叫作故障保险。其次，万一出现驾驶室的指令无法正常发出的紧急情况，在舵机间能直接控制液压系统来改变舵角，这叫作机旁操舵。

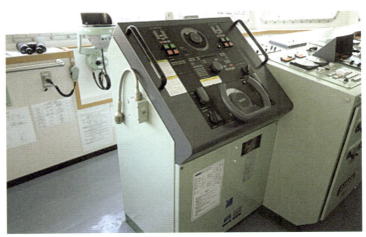

旋转驾驶室操舵装置的手柄，所旋转的角度就会转换成电信号，来控制位于船尾的舵机里的液压油。

4-3 让舵回转的机制

这一节我们来具体了解下让舵回转的机制。舵里安装有叫作舵轴的传动轴，转动舵轴，就能转舵。在小型的帆船或小艇的舵轴上安装了一个手柄，叫作舵柄，左右移动舵柄就能让舵回转。大型船舶上的舵机的机制其实和舵柄是完全一样的，只是它是控制液压缸内的活塞左右移动一根叫作活塞杆的圆杆，活塞杆再通过舵柄把左右运动变成回转运动使舵回转。

在制造舵的时候，首先计算需要多少力才能让舵回转。普通舵的最大回转范围是35度。如果超过这个范围就会导致类似飞机机翼的失速现象，使推力减少，并且会产生非常大的阻力。这个使舵回转的力叫作扭矩。

计算需要多少力能让舵回转，就得先研究作用在舵上的扭矩。扭矩并不总和舵角成比例关系。当舵角特别小时，作用在舵上的扭矩越小，航行过程中舵的阻力越小。即使在船笔直向前航行时，由于作用在船上的各种力会导致船的航向发生变化，因此也需要不断地对舵角进行微调。在这种情况下如果不这么做，一旦需要大的扭矩，舵机就会消耗很多能量。

作用在舵上的扭矩确定之后，就能确定所要安装的舵机种类以及它的功率了。如前文所述，在三菱重工业股份有限公司的产品中，对液压的控制有可变排量泵和电液换向阀两种方式，选择哪种控制方式由船东自己决定。而在大型船舶上需要舵机产生巨大的扭矩时，会采用并行安装两个液压缸，由两根活塞杆来带动

第4章 船用舵机的制造技术

舵柄使舵轴回转的方式（第93页）。这样的话就算有一个液压缸出现故障，也依旧能控制转舵，从而提高了转舵的可靠性，客轮上几乎都采用这种方式。

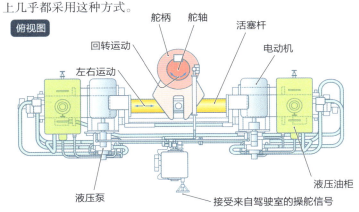

小型船舶只用一根活塞杆来回转舵轴。

制造中的舵机。液压油管道（橘黄色）纵横交错地连接着各台设备，传递着液压。

4-4 液压泵是舵机的"心脏"

液压机是一种应用了我们在学校里学过的帕斯卡定律的机械装置。帕斯卡定律是指加在密闭液体上的压强，能够大小不变地由液体向各个方向传递。在机械装置里由一根管道连接的两个部分，其中任意一方受到压力，另一方的压力也会瞬时上升。液压机就是应用这样的原理实现了力的远距离传递。

带动舵机的舵柄左右运动的活塞杆的两端由充满液压油的液压缸顶住，通过液压泵来改变缸体内液压油的压力让活塞杆左右运动。左右两边的液压缸中任意一方的压力升高推动活塞杆，另一方液压缸内的液压油就会回到油箱里或者液压泵的吸入部位。这种工作方式叫作拉普逊滑动式。

可以说使液压缸内压力发生变化的液压泵就是舵机的心脏。三菱重工业股份有限公司制造的舵机液压泵分为叶片泵和柱塞泵两种。叶片泵是在椭圆形壳体的中心安装一个叶片长度可变的叶轮，当叶轮旋转时，两片叶轮与壳体间围成的工作容积会发生变化，于是从油箱里吸出液压油并排出来。

叶片泵的动力源是电动机。从泵中排出的高压液压油会驱动液压缸活塞工作。这种每旋转半圈就会排出一定量液压油的液压泵属于定量泵。这种类型的液压泵也普遍应用在汽车动力转向系统里。柱塞泵是大型船舶使用的液压泵类型，属于能改变液压油排量的变量泵。

第4章 船用舵机的制造技术

液压泵。照片里的是叶片泵（美国派克汉尼汾公司制造）。
照片提供／三菱重工业股份有限公司

液压泵。照片里的是柱塞泵。　照片提供／三菱重工业股份有限公司

4-5 船用舵机是如何制造出来的？

三菱重工业股份有限公司生产的船用舵机和减摇鳍一样，都是委托其集团下的长菱工程技术股份有限公司制造的。舵机由带动舵轴回转的舵柄，带动舵柄的活塞杆，在活塞杆左右施加压力的液压缸以及产生高压液压油的液压泵构成。

液压缸是铸铁制成的部件，长菱工程技术股份有限公司在收到铸件后运入自家的工厂，首先会在其内部精准地挖出一个能让活塞杆顺利活动的孔。由于铸件是把熔化了的金属倒入模具内制成的，所以经常会有气孔等铸造缺陷，为此每一件缸体都需要经过向其内部注入高压水，测试其是否会发生渗漏的水压试验。

活塞杆的中间部位，安装着与其成直角的圆柱形活塞销，用来带动固定在舵轴上的舵柄回转。舵柄如下一页中的照片所示，是由坚固厚实的铸件原料经过精密机械加工制成的。

在左右液压缸的周围配有液压油柜、液压泵和电动机等部件和控制装置。在液压缸、油箱、液压泵之间由充满了液压油的管子连接起来。这些管子的弯曲加工是用弯管机完成的，但要在误差不超过 0.1 毫米的精度下进行三维弯管作业，需要有十年以上经验的熟练工人的精湛技术，并且每一根管子都会根据船级⊖标准进行检查。

组装完毕后的舵机会在工厂内确认能正常运转后再送到造船厂。如果是大型的舵机，其价格相当于一辆高级轿车。

⊖ 船级社以一定的标准认定的船舶级别。

第 4 章　船用舵机的制造技术

加工完毕后竖着摆放的巨大舵柄，将其放倒后在中间的圆孔内插入舵轴。其左右两侧呈爪状，活塞销正是插到爪状的凹槽里。

较小的船用舵柄。它只有一个液压缸，所以只有一边呈爪状。

连接各个部件的液压油管弯曲加工需要精湛的技术。

管子的安装作业需防止发生液压油渗漏，因此也要非常谨慎。

4-6 逐渐小型化的操舵台

操纵位于船尾的舵回转，使船体自由改变行进方向的是安置在驾驶室内操舵台上的舵轮，它相当于汽车的方向盘。以前的舵轮像个非常大的圆盘，周围插着一圈棒状手柄。靠人力转动舵轮，直接经由铁链带动在船尾的舵让其回转。由于转动舵轮需要非常大的力，因此手柄的设计必须便于让人紧握。

后来液压系统得到了普及，舵轮的转动通过液压传递给船尾的舵，在这个过程中，转动的力也得到提升，足够使舵回转。从此操纵舵轮只需很小的力，舵轮的尺寸也开始逐渐变小，手柄也消失了，最终变成了和汽车方向盘一个样子。

而且近些年，舵轮的转动是以电信号的形式传送到船尾，由

过去的舵轮（印象图）。

横河电机股份有限公司制造的操舵台。　照片提供／横河电机股份有限公司

第4章 船用舵机的制造技术

安装在舵正上方的舵机电动机来根据指令使舵回转，所以舵轮又进一步小型化，如今有些船上甚至已经不再使用舵轮而是用操纵杆来进行操舵了。

大型船舶航海时，在驾驶室内有大副和一名水手两人值班。这时大副不会直接操作操舵台上的舵轮，而是由水手根据大副的命令来操作。

在操舵台上安装有舵轮和分罗经，可以马上知道船首的方位因操舵变化了多少度。分罗经和安置在操舵台中的陀螺罗经是相互连接的。

高速船舶的舵轮。直径仅数厘米。

不使用舵轮，而是用操纵杆来驾驶的船舶也出现了。

4-7 在大海中航行的好帮手——自动驾驶仪

船舶离港驶入汪洋大海后,水手们就会离开操舵台去执行其他(诸如巡视等)工作。虽然我们还不能在驾驶汽车的过程中把手从方向盘上移开,但船舶从很久以前就普遍在出海后把舵轮交给机器来控制了。这时大显身手的正是自动操舵装置,也就是自动驾驶仪。

自动驾驶仪是以模块形式组装到操舵台中的。让我们来看下日本最大的船舶驾驶仪生产商横河电机股份有限公司的操舵台。

在操舵台上模块化安装了带有操舵手柄、舵角指示器和操舵方向指示灯等部件的舵轮,自动驾驶仪,操舵分罗经以及各种切换开关等。舵轮是为手动驾驶船舶而安装的,水手转动舵轮的操作会转换成电信号传送给船尾的舵机。

在舵轮上方,用箭头表示着舵回转的方向以及角度。在操舵台的上半部分有操舵分罗经显示船的航向变化了多少,转动舵轮就能让船首按大副的指令回转。比如大副命令:"右舷五度",水手就转动舵轮转舵,当转到指令的方位时便立即报告:"右舷五度,长官"。"长官"是对大副的尊称。

船驶入广阔的大海后,大副会下达切换到自动驾驶仪的指令,船会按照设定的方位选择航向继续航行。这时,舵轮与操舵台处于断开状态,自动驾驶仪会不断自动持续转舵以确保航向。

第 4 章　船用舵机的制造技术

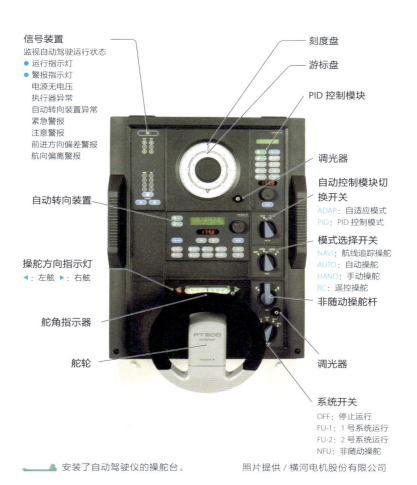

信号装置
监视自动驾驶运行状态
● 运行指示灯
● 警报指示灯
　电源无电压
　执行器异常
　自动转向装置异常
　紧急警报
　注意警报
　前进方向偏差警报
　航向偏离警报

自动转向装置

操舵方向指示灯
◀：左舷　▶：右舷

舵角指示器

舵轮

刻度盘

游标盘

PID 控制模块

调光器

自动控制模块切换开关
ADAP：自适应模式
PID：PID 控制模式

模式选择开关
NAVI：航线追踪操舵
AUTO：自动操舵
HAND：手动操舵
RC：遥控操舵

非随动操舵杆

调光器

系统开关
OFF：停止运行
FU-1：1 号系统运行
FU-2：2 号系统运行
NFU：非随动操舵

安装了自动驾驶仪的操舵台。　　照片提供／横河电机股份有限公司

105

4-8 自动驾驶是怎样实现的？

自动驾驶仪是使用陀螺罗经不断检查设定航向和船舶实际行进航向之间的差异，并通过计算机向舵机发送电信号，持续转舵消除该差异的装置。可一旦转舵过于急剧，会发生过冲现象，即船首会过于偏向同设定方位相反的方向，这时若再次向反方向转舵还是会偏转过头，导致船舶始终无法稳定到正确的航向上。然而，如果过于慎重缓慢地转舵，船舶也很难朝着指定方位前进。

为了合理地进行调节，就需要 PID 控制或自适应控制。横河电机股份有限公司的自动驾驶仪 PT500 能够在 PID 控制和自适应控制中选择最适合该船的控制方式。所谓 PID 控制，就是综合了比例控制（P）、积分控制（I）、微分控制（D）的控制系统。假设在实际航行时航向与设定航向发生偏差，比例控制就会产生和该偏差成比例的转舵力度使行进方向接近设定航向。不过仅靠该控制仍然会发生过冲，或者船首在设定航向附近左右摇摆不定，无法稳定在特定航向上的现象。

因此就需要附加与偏差的变化量（微分值）和累积量（积分值）成比例的微分及积分控制，以此来尽快且稳定地让船舶行驶到设定航向上。如此和偏差、偏差变化量、偏差累积量成比例的转舵比例系数是个比例增益值，要最优化与各艘船相应的比例增益值需要很高的技术水平。

第4章 船用舵机的制造技术

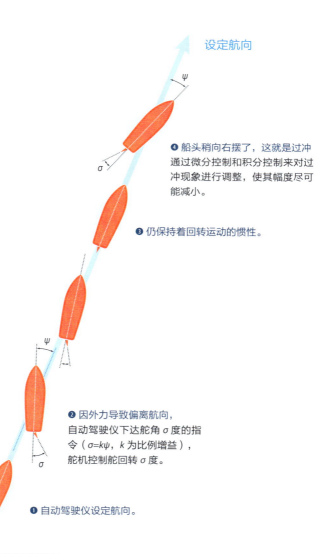

船舶的过冲现象。

107

4-9 自动驾驶仪仍在进步

让船舶按照设定好的航向航行的自动驾驶仪仍在日新月异地进步。常规的 PID 控制的比例增益值（比例系数）是固定的，但船舶的状态不但会因航行状况而发生改变，还会因船体周围的波浪或潮流以及风等外在因素而产生变化。因此，在这些不同因素导致的变化发生时得选择与之匹配的比例增益值才能更容易保持航向，且燃油效率也能得到提高。这种根据船舶本身或外在因素变化来改变控制的方法就是自适应控制。

海浪一旦升高，船舶就会开始摇晃。其中一种摇晃类型是船首向左右摇摆的艏摇。艏摇是随着船体与波浪间的冲撞周期性地摇摆，周期为 4~10 秒。船舶的行进方向会因艏摇而发生周期性的变化，所以自动驾驶仪每隔 4~10 秒就得下达转舵指令，让舵周期性地回转，不停地调整行进方向。而这样会导致舵上产生阻力，使船减速。因此为了避免这种因波浪问题导致的在较短周期内自动驾驶仪反应过度的现象，有一套专门的解决机制。

另外，船舶万一发生故障，为了确保安全，也必须让船保持在正确航向上继续行进。所以操控系统设计成即使其中一套系统出了问题，使用另一套系统也仍然可以正常操舵，这叫作双冗余控制系统。

人在疲劳时失误率会上升，为防止这种情况下的误操作，也有针对性的设计，这叫作人机界面，它是种依据人体工程学对人类行为进行分析以减少误操作的面板设备。

第 4 章 船用舵机的制造技术

什么是艏摇?

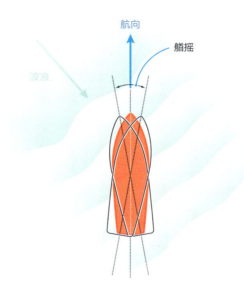

艏摇是因船体和波浪间的周期性冲撞而导致的船首以一定时间间隔向左右摇摆的现象。

4-10 船舶的"眼睛"——陀螺罗经

船舶在航行时,掌握正确的方位是非常重要的。以前是使用磁罗经,它是根据指南针原理制成的,也叫作磁罗盘。现在的船上也一定会配备磁罗经。这是为了在船上所有的电源都失效时,也能知道方位。

如今,在正常情况下,主要用陀螺罗经来测定船舶方位。像陀螺这样的高速旋转体,具有旋转轴始终指向特定方向的性质,当有一个力要改变其旋转轴的方向时,旋转轴倾倒的方向会与该力的方向成直角。陀螺罗经正是应用了这种叫作陀螺效应的性质来检测方位的装置。

法国物理学家傅科(1819—1868)根据这个性质提出了陀螺仪可以作为指向仪器的原理,即"拥有两个自由度的陀螺在高速旋转时,只要它是处于南极和北极以外的地方,其旋转轴基本是

陀螺罗经(CMZ900系列)。陀螺罗经的主体是一个内部装入了能高速旋转的球形转子的陀螺球。陀螺球浮在液体中并被保存在一个球状容器中,最后在容器外部还套了个方盒子。

照片提供/横河电机股份有限公司

第 4 章 船用舵机的制造技术

陀螺球（MKT007）。
照片提供／横河电机股份有限公司

指向南北方的"。陀螺罗经利用地球自转运动强制让陀螺的旋转轴与地表成水平状态，即旋转轴保持与重力方向成直角，由于陀螺效应，陀螺的旋转轴会自动指向南北方。陀螺的旋转轴上装有铅锤，帮助其保持水平状态。

另外还设有防振装置来防止受到暴风雨天气时的船体运动、底部砰击（拍底）⊖等造成的冲击或振动等的影响，即使发生 ±40

陀螺球（MKT007）
球壳由纯钛制成，下半球是电极。

防振装置（上半部分）和容器（下半部分）。右图是陀螺球（MKT007）。
照片提供／横河电机股份有限公司

⊖ 船迎着波浪航行时，船首和船底会离开水面，旋即又落下猛拍向海面的现象。

度的横摇，陀螺罗经仍能正确指示航向。测定出来的方位信息会传送给驾驶室的显示器、操舵台上的分罗经以及自动驾驶仪等设备。

陀螺球的替换作业。

照片提供／横河电机股份有限公司

第 5 章
减摇鳍的制造技术

减摇鳍是减少船体横摇的装置。为了应对复杂的船体摇摆情况,需要高水平的减摇鳍制造技术,本章我们就来介绍这种技术。

处于收起状态的减摇鳍。

5-1 什么是减摇鳍？

船体横摇在船体运动状态中是最危险的，如何减少横摇是船舶设计中最重要的课题之一。因为在海浪中一旦横摇幅度过大就会导致翻船，所以自古以来人们就想了很多方法来减少横摇的发生。

其中革命性地减少了横摇的装置就是减摇鳍。减摇鳍是由三菱造船厂（现三菱重工业股份有限公司）的元良信太郎博士于1920年发明的。船底和船侧间的弯曲部分称为舭部，在这个位置安装摇动的翅膀（鳍）就能减少船体横摇。

这种减摇鳍于1922—1923年间分别安装到了日本下关市与韩国釜山市之间的渡轮"景福丸"号和对马市的商船"睦丸"号上，

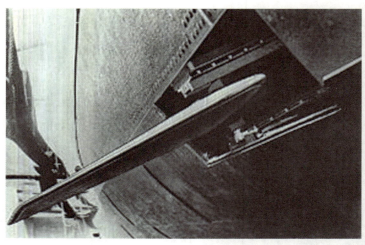

元良式减摇鳍。　　　　　　　　　照片提供／三菱重工业股份有限公司

第5章 减摇鳍的制造技术

经过这两艘船的实际航行证实,确有大幅度减轻横摇的效果。据说把最大横摇角度从27度减到了15度,把平均横摇角度从12度减到了3度。

减摇鳍技术在第二次世界大战后传到了英国,之后随着计算机控制技术的发展,进一步提升了减轻横摇的效果,该装置当时主要用于客轮。由于其价格不菲,唯有非常重视乘客乘船感受的大型高级客轮上才安装这种减摇鳍。

当时日本的船舶也安装了从英国进口的减摇鳍,但后来随着三菱重工业股份有限公司和三井造船股份有限公司的发展,减摇鳍的制造实现了日本的本土化,日本海上自卫队的护卫舰及渡轮上也逐渐开始采用这种装置了。不过,护卫舰上的减摇鳍是非收放式的,而渡轮等船舶上的减摇鳍在不需要的时候能够收到船体内,称为收放式。最近越来越多的高速滚装船等货轮也开始采用减摇鳍了。

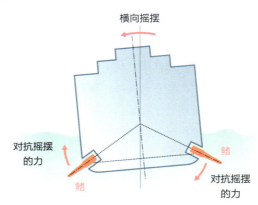

减摇鳍。计算机感知并分析船体的摇摆幅度,控制减摇鳍使船体恢复稳定状态。

5-2 减摇鳍的设计技术

在三菱重工业股份有限公司的长崎造船厂，每年可生产减摇鳍 10 台左右。基本上，减摇鳍都是根据每一艘船的特点来设计的。为此，需要掌握船舶的数据，包括表示船舶稳性的 GM[一]值、船舶的排水量以及船速，由这些数据来确定减摇鳍所需要的面积。有些大型船舶的减摇鳍面积甚至达到 12 平方米。

三菱重工业股份有限公司制造的减摇鳍的后部安装着可动式襟翼，能协助产生巨大的升力，所以能获得非常好的减摇效果。在欧洲等地，由于可动式襟翼故障多发，只使用一片主鳍的减摇鳍逐渐成了主流。三菱重工业股份有限公司使用称为滑动连接式的独有技术，开发生产出故障率为零的高品质襟翼减摇鳍。这种襟翼的转动角度范围是鳍迎角的 2 倍。

减摇鳍的主鳍形状是先通过计算机用计算流体力学（CFD）技术进行计算，再经过测试翼端空泡现象的水槽试验确定的，使该形状具备产生巨大升力的性能。在船舶的舭部同样安装着能够减轻横摇的舭龙骨。因此针对每艘船，都要对减摇鳍和舭龙骨间是否会发生干涉、减摇鳍处于收起状态时是否会扰乱船体周围的流场导致阻力增加等种种问题仔细斟酌，待减摇鳍的鳍以及收放装置等设计完成后才着手制造。尽管减摇鳍的形状都非常接近，但它们都是分别根据每艘船不同的特点专门定制的。

[一] 船体垂直于水面时所受浮力的作用线和倾斜时所受浮力的作用线的交点叫作船舶横稳心（M）。船舶横稳心（M）和船舶重心（G）之间的距离称为稳心高度，用 GM 表示。GM 值越大，船舶初稳性越好。

第 5 章 减摇鳍的制造技术

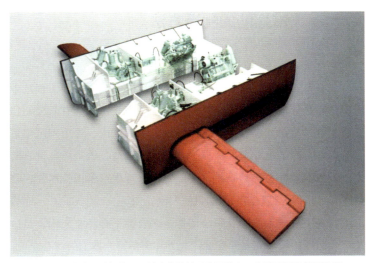

制造完成的减摇鳍。照片中的鳍处于张开状态，在鳍后部配备了襟翼。
照片提供 / 三菱重工业股份有限公司

进行空泡现象试验的场景。鳍的后方和侧面产生了白色气泡（空泡）。
照片提供 / 三菱重工业股份有限公司

5-3 减摇鳍的制造方法

三菱重工业股份有限公司长崎造船厂的子公司长菱工程技术股份有限公司的工厂制造减摇鳍。长菱工程技术股份有限公司位于长崎县谏早市长崎县金属共同协会的工业区内,这个园区聚集了8家在金属制造相关的机械加工、钢架制造、铸造、电镀、退火等方面各具特色的高技术水平的公司。这里汇聚了各家公司的技术力量,每天都有高品质的机械问世。

长菱工程技术股份有限公司作为综合性工程企业来说,是这片工业园区内最具高度开发设计能力和高新制造技术的核心企业。该公司承接制造自主开发设计的各种产品并出售高新制造技术。三菱重工业股份有限公司等大型企业都会委托该公司制造生产各种产品,减摇鳍就是其中之一。

减摇鳍的鳍部件、纵摇轴部件和鳍的箱体部件是分别制造的。鳍部件以鳍基座的铸件为底座,再安装组装式的鳍。带动鳍回转的是纵摇轴部件的鳍轴组,其由液压驱动使鳍产生迎角。鳍轴组是把高精度加工成的轴安装到套管铸件里制成的,并且为了避免海水侵入专门做了密封处理。

纵摇轴部件和鳍部件结合到一起后再装入鳍的箱体部件,一台减摇鳍就制造完成了。下一页的图片中介绍了它的完整制造流程。

第 5 章　减摇鳍的制造技术

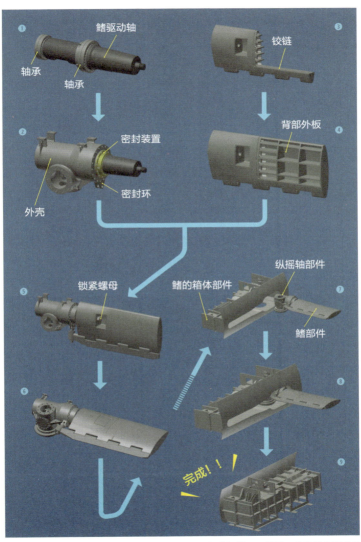

减摇鳍的完整制造流程。　　　　图片提供／三菱重工业股份有限公司

5-4 让减摇鳍大显身手的液压系统

要让减摇鳍完全发挥出减轻横摇的作用,绝不能少了驱动鳍回转的液压系统。三菱重工业股份有限公司的减摇鳍之所以能有如此出色的减摇能力,完全归功于有一套面对任何程度的横摇都能从容应对且反应神速的独特液压单元。蓄能器和伺服阀会及时响应发送给减摇鳍的控制信号,利用始终处于高压状态的液压油驱动鳍回转。这套液压单元也是由子公司长菱工程股份有限公司制造的。

控制这套液压单元在发生横摇时做出最适当反应的是控制系统,由位于神户的纳博特斯克股份有限公司制造。首先用气体陀

液压单元。 照片提供／三菱重工业股份有限公司

第 5 章　减摇鳍的制造技术

螺仪传感器侦测横摇运动的发生。以前曾经使用内部装有旋转陀螺的速率陀螺仪，但它需要经常维护保养，而随着这种气体陀螺仪的问世，几乎不再需要对陀螺仪做任何维护工作了。这款陀螺仪是由多摩川精机股份有限公司生产的。

船体横摇运动最剧烈的时候是在船体横摇的固有周期与摇动船体的波浪周期一致时，这叫作谐振。要减小谐振时的横摇，需要给船体施加一个与横摇速度方向相反且成一定比例的抵抗力。这就需要在以最大回转速度横摇着的船体刚好恢复到水平位置的瞬间，控制鳍产生迎角使升力达到最大。

并且，三菱重工业股份有限公司制造的最新款的减摇鳍里还配置了更先进的控制器，就是模糊控制器。它不仅能在发生谐振时抑制船体的横摇，还能减轻从船尾方向传来的波浪对船体的缓慢摇晃。

控制单元。　　　　　　　　　　　照片提供 / 三菱重工业股份有限公司

5-5 减摇鳍制造完成后的测试

以鳍为中心的执行机构、液压系统以及控制系统分别制造完成后，工厂里会像下面照片中那样把这些部件组装成一体。其内部会成为机舱的一部分，而外部的嵌补板会成为船体外板的一部分，所以和船体设计之间的兼容性很重要。

减摇鳍全部组装完成后，就要在工厂里进行测试，由于此时尚未安装到船舶上，因此会把作为横摇传感器的气体陀螺仪放到摇动台上让它晃动，模拟船体在横摇时发出的信号。接着观察减摇鳍是否会以与模拟出来的横摇运动相匹配的周期，按设计好的控制方式使鳍形成迎角正常工作。

减摇鳍的外形虽然和舵很相似，但相对于舵比较缓慢的动作，减摇鳍因需要配合船体运动，所以其动作速度比舵更快。

完成了以上这些工序后的减摇鳍要运往造船厂，安装到靠近

工厂里的成品测试。
照片提供／三菱重工业股份有限公司

124

第 5 章 减摇鳍的制造技术

船舯部位分段的舭部。为了能使舭部刚好容纳减摇鳍，嵌补板的形状会按照船舶的设计图样来制造。

由于减摇鳍安装在船底附近，所以在船体各部分的分段里，减摇鳍会在较早阶段就备置在船台或船坞。减摇鳍从下单到完成出货的时间并不充裕，如果没有高水平的技术能力就不可能在短时间内完成设计、制造和检验。

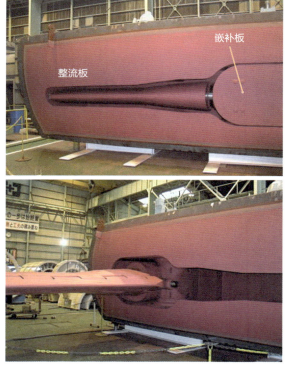

收起来的鳍和呈直角张开状态的鳍，检查减摇鳍是否能正常工作。

照片提供／三菱重工业股份有限公司

专栏 2 大型船舶会变形的原因

船会在波涛中摇晃。为了抑制这种摇晃,人们采取了各种针对性的措施。由于船体的横摇尤其容易导致船舶倾覆,因此开发了很多减小横摇的装置。其中最简单的就是舭龙骨,几乎所有的船上都会安装。另外还有减摇鳍以及在液舱内装水的减摇水舱等,依据各自的目的安装在相应的船上。

但是,当船受到迎面而来的波浪时,会产生使船首船尾呈上下回转运动的纵摇。要克服纵摇,从技术上来说并非易事。纵摇和船的形状有关,船的形状一旦决定了,几乎就没法采取其他有效措施了。即便如此,人们还是不断研究尝试在船首或船尾安装鳍来克服纵摇。

大型船舶在纵摇时,与其说是整艘船在运动,不如说是船体在发生弯曲。笔者有一次在加勒比海搭乘一艘超过 10 万吨的邮轮,当时临近飓风,明明船几乎没有大幅度的纵摇,却感觉自己的身体在慢慢地上下晃动。这是船体在巨大的浪潮中发生了弯曲导致船的甲板上下摇晃造成的。

在暴风雨中,巨型树木往往被刮倒,但柳树枝却不会折断。因为柳树枝会弯曲,把巨大的力给化解了。超高层的大楼也设计成在强风中会发生弯曲以确保安全。船也一样,比起面对波浪的冲击纹丝不动地正面抵抗,允许船体发生些许运动变形,不和巨大的波浪硬抗也是保护船体以免解体的良策。

第 6 章
液压系统及系泊装置的制造技术

船舶的液压系统是用来驱动系泊装置和锚链的。本章给大家介绍液压系统的工作机制以及使用高科技材料制成的顶级缆绳。

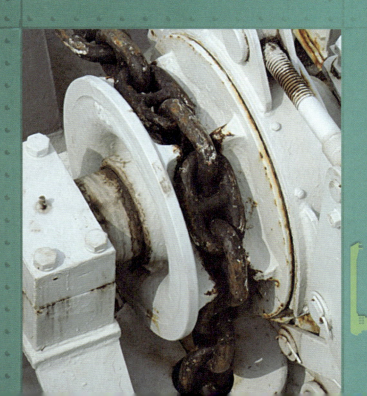

6-1 安全停泊必不可缺的系泊装置

把船舶停泊在水面上某个位置需要使用一套专门的装置,无论是在港口将船用绳子系在岸上还是在海上下锚停留都离不开它。这种装置叫系泊装置,安装在船首和船尾的外部甲板上。

船锚用钢质锚链连接。把锚收卷上来或放下去的设备叫作起锚机。这是种用液压马达驱动一个滚动的卷筒进行收放的机械,在卷筒上卡着一圈圈锚链,所以卷筒是个带深槽的特殊物体,叫作锚链轮。而绞进起锚机的锚链会收纳在位于甲板下的锚链舱里。

船舶在港口停靠时,通过一根叫作缆绳的粗绳子和码头的缆桩⊖连接,近几年制作缆绳大多使用质量较轻的尼龙等材料。缆绳也和锚链一样靠液压马达驱动卷筒来收放,不过,收卷上来的缆

位于船首部位的系泊装置。中间是船锚使用的起锚机,在其两侧的是缆绳用的系泊绞车。

⊖ 码头边为拴住船舶用的桩子。

第6章 液压系统及系泊装置的制造技术

绳是直接收纳在滚筒里的。

和码头间的系泊缆绳处于张紧状态时就会刹住卷筒固定住。也有专门的自动张力控制装置能够计算这种状态下作用在系泊缆绳上的拉力，使卷筒自动收放以保持一定的拉力。

在很多船上的系泊绞车的卷筒外侧，也有用于滚动收卷的设备，叫绞车副卷筒。这个筒上虽然不能收纳缆绳，但当需要移动沉重的系泊缆绳时只要旋转一圈即可使用。

而今大多数的船上都使用起锚机和系泊绞车一体化的设备，用离合器来切换，是既能收放船锚又能收卷系泊缆绳的两用型设备。不过在有些小型船舶上也会使用绞盘，这是种立式、用液压马达或电动机驱动滚筒收卷系泊缆绳的装置。

锚链轮。用于收放连接着锚的锚链。

收卷缆绳的系泊绞车。位于左右两端的是绞车副卷筒。

6-2 锚链和系泊缆绳是怎样卷上来的？

为了把能让上万吨的巨型船舶在水面上停住的锚和锚链拉上来，需要起锚机有非常大的拉力，因此它主要以电液系统来驱动。

这个系统使用电力驱动的电动机带动液压泵，升高液压泵排油管路中液压油的压力，压力再通过管路传给安装在起锚机及系泊绞车侧面的液压马达，从而使它们转动。

川崎重工业股份有限公司制造的系泊装置的液压马达主要使

系泊时的邮轮"日本丸"号。缆绳把邮轮系泊在码头上。

第6章　液压系统及系泊装置的制造技术

用径向柱塞马达，这种液压马达以旋转轴为中心在外壳内沿半径方向装着五个液压缸，来自液压泵的高压液压油以一定频率注入这些液压缸内，推动液压缸内的活塞驱动液压马达的轴旋转。

川崎重工业股份有限公司制造的起锚机最大可承载约45吨的重量，并能以每分钟9米的速度把锚收卷上来。这种起锚机所收放锚链的直径可达10厘米，所以起锚机的卷筒也十分巨大。

最大型的系泊绞车可承受30吨的拉力，能以每分钟15米的速度把缆绳收卷起来。它的卷筒上能缠绕250米长直径8.5厘米的缆绳。

川崎重工业股份有限公司制造的最大型的系泊装置。收锚的起锚机和收卷缆绳的系泊绞车采用一体化设计。　　　　照片提供／川崎重工业股份有限公司

6-3 一体化的液压系统

在 6-1 节中已经提到了，在船舶的船首尾甲板上安装着系泊装置，包括数台液压驱动的系泊绞车以及起锚机等。它们分别安装了称为执行器的液压马达，并连接在一个液压系统里。

川崎重工业股份有限公司生产的系泊装置有很多种系统模式，我们来了解下其中的单一主系统模式。下图中的系统是把位于船首船尾的系泊装置及起重机等数种甲板机械作为一个体系，用管路连接的液压油驱动。管路有三条，一条是高压的主压力管路，另一条是低压的回油管路，这两条管路好比人体中的动脉和静脉。接着剩下最后一条是泄油管路。泄油管路用来把液压机内部渗漏出来的液压油送回油箱。

各台甲板机械的液压马达都由控制阀控制，以保证液压油压力只传导给需要工作的机械。

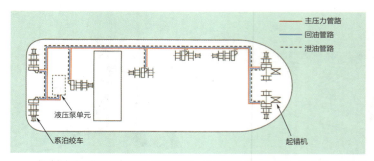

川崎重工业股份有限公司制造的单一主系统模式的构成图。凭借同一个液压泵单元驱动船首的起锚机和系泊绞车、船尾的系泊绞车以及甲板上的起重机等设备。

图片提供／川崎重工业股份有限公司

第6章 液压系统及系泊装置的制造技术

　　液压泵单元集中安置在一处来给船上所有的液压机械提供动力，其特点是易于安装和维护。该单元由电动机、轴向柱塞泵和油箱组成，工作原理依旧是通过电动机驱动液压泵，提高液压泵的排油管路中液压油的压力。

　　这个压力根据帕斯卡定律通过管路传递到各处，带动各台设备的执行器（活塞或液压马达）。帕斯卡定律前文曾提过，就是指加在密闭液体上的压强，能够大小不变地由液体向各个方向传递。因此只要把执行器侧的受力面积增大，就能产生非常大的力（压强 × 受力面积）。

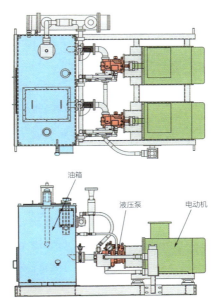

液压泵单元。用电动机驱动液压泵，提高液压泵的排油管路中液压油的压力。
图片提供 / 川崎重工业股份有限公司

133

6-4 液压系统的降噪技术

这样的液压系统存在一个问题，就是会产生"咚咚"或"砰"的噪声。这是液压泵压力变化所产生的压力波在管路内的液压油里脉动传播导致的。

为了减少这种噪声，需要使用川崎重工业股份有限公司生产的一种静音系统。它使用螺杆泵替代普通的轴向柱塞泵。螺杆泵又称阿基米德螺旋泵，从公元前3世纪就开始使用了，后来逐渐得到广泛使用。螺杆泵应用了螺旋原理，据说船舶的螺旋桨也应用了螺旋原理。

静音系统使用的螺杆泵里有三根细长的螺杆。中间一根是电动机驱动旋转的主动螺杆，与旁边两根从动螺杆相互啮合安装在一起。从动螺杆由主动螺杆驱动旋转，并同时起到密封

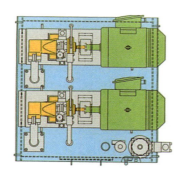
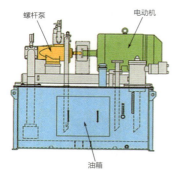

使用了螺杆泵的静音系统。
图片提供/川崎重工业股份有限公司

第 6 章　液压系统及系泊装置的制造技术

液压油的作用，从而提高液压泵的工作效率。

如果螺杆泵的螺杆使用小直径的细长螺杆且以一定的速度高速旋转，就可以连续不断地输出液体，因此就不会产生压力变化，也就基本消除了传递中的脉动现象，就能达到低噪声乃至静音的效果。不过螺杆泵也有在效率方面不如轴向柱塞泵的缺点。

使用了螺杆泵的静音系统。
照片提供／川崎重工业股份有限公司

螺杆泵的外观。
照片提供／川崎重工业股份有限公司

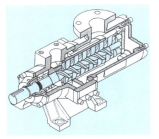

螺杆泵的内部构造。
图片提供／川崎重工业股份有限公司

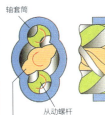

螺杆泵内螺杆结构的断面图（左侧）和侧面图（右侧）。
图片提供／川崎重工业股份有限公司

6-5 什么是电动系泊装置？

随着变频器控制技术的引进，控制电流频率变得更简单，以系泊装置为主的甲板机械也逐渐使用电力驱动系统来代替原先的电液驱动系统了。2010年，川崎重工业股份有限公司所交付的最新船用绞车中超过23%都是电动绞车。

虽然电动系泊装置的价格比电液驱动的要高，但它具有能耗节约将近一半，不用替换液压油因而不存在液压油泄漏问题，并且慢速控制更容易，噪声也小等优点。不过它也存在因为电动机械惯性力大必须提高绞车强度，出故障时的处理方法比液压系统麻烦，在气体运输船（比如液化天然气船（LNG）或液化石油气船（LPG）等）上使用时必须额外采取防爆措施等缺点。

电动系泊装置的中心是控制台，也叫变频器控制柜。它里面

电动绞车的外观。　　照片提供／川崎重工业股份有限公司

第 6 章　液压系统及系泊装置的制造技术

装有改变电流频率/电压来控制电动机转速的变频器，负责各种电器连接切换的可编程逻辑控制器（PLC），以及把来自控制台的指令信号或用来控制转速的速度反馈信号转变为电信号发送给变频器的信号转换器等。

此外，用来停止收卷作业的制动装置里有使缆绳在绞车停止时不会松懈而是保持一定拉力的电磁制动器。电动机执行制动时会变为发电机产生再生电流，因此同时也设置了把这种电能转换成热能来消耗的制动电阻器。

其他还有在收纳船锚时自动计算锚链长度，当未卷起的锚链剩余不多时便会放缓上卷速度从而减轻船锚收纳时的碰撞的控制系统。

控制台（变频器控制柜）。
照片提供/川崎重工业股份有限公司

起锚机用的制动电阻器。
照片提供/川崎重工业股份有限公司

6-6 系泊缆绳是用什么材料制成的？

把船舶连接在码头的绳索叫作系泊缆绳。过去人们使用麻编成的粗绳子作为系泊缆绳。特别是马尼拉麻的纤维既硬又十分结实，最适合用来制作系泊缆绳。不过现在都使用重量轻强度高的尼龙等化学合成纤维制造系泊缆绳了。这些系泊缆绳的直径比马尼拉麻制作的要细30%却具备相同的强度。这种化学合成纤维是一种由碳（C）、氢（H）、氮（N）还有氧（O）等元素构成的高分子聚合物制成的细长丝状物质，是通过把高温熔融了的高分子材料从小孔（喷嘴）中挤出的工艺制作而成的。

作为系泊缆绳的原材料，主要使用具有高强度、高弹性、耐冲击、耐摩擦且又柔软易于操作的尼龙，其在化学合成纤维中称得上是佼佼者。不过，也可以根据不同的目的或需求，选择重量极轻能浮于水且耐酸耐碱的锦纶，或者刚性较好吸水性小的聚乙烯纤维以及抗摩擦且耐热、耐紫外线、耐化学药品的涤纶等合成纤维来作为制造系泊缆绳的材料。如上文所述，合成纤维的缆绳和麻制缆绳同等强度的话，会比麻制缆绳细30%~40%，而且即便被水弄湿也不会吸水而导致重量增加，因此使用起来非常方便。

普通商船使用的缆绳直径通常在60~70毫米之间，拖船上也会使用直径100毫米粗的缆绳。缆绳的密度跟水的密度接近，所以用人力把这么重的缆绳拉上码头，再拖拽到缆桩边套上去，或者在船上为防止其缠绕在一起对缆绳进行整理，都属于重体力劳动。

第 6 章 液压系统及系泊装置的制造技术

豪华邮轮的船首甲板。为进港做准备，各个甲板机械放出的缆绳排列在甲板上。

从观光邮轮"富士丸"号的船尾周围伸出 6 根缆绳，把船系泊在码头上。

6-7 现在仍由工匠来制作的缆绳部分

我们来看下缆绳的制作过程。日本顶尖的缆绳制作公司是 NAROC 股份有限公司,其在位于和歌山县纪之川市的工厂里制作生产缆绳。首先,将尼龙等合成纤维的细丝(原丝)运入工厂,数根细丝会用机器拧成更粗的丝线。这道工序称为第一道加捻工序。制作出来的丝线叫作纱线。

加工过程具体来说就是把丝线捻到一起组合成较粗的丝线,就像女孩子的"辫子"一样。接着,纱线会经过第二道加捻工序,即继续把许多拧好的丝线再拧到一起,让它逐渐变成更粗更强韧的丝线。

然后用叫作捻股机的大型机器把若干根丝线以高速绞拧起来,就能得到绳股。这种绳股就是绳索的原形。

编织缆绳有好几种方法,分别是十字法(Cross)、南十字法(Southern Cross)、南方之刃法(Southern Blade)和双刃法(Double Blade)。编织的复杂程度和缆绳表面的光滑程度按照这个顺序逐渐递进。加工编织出这种缆绳的机器叫作编绳机,编绳机会把数根绳股聚集起来边拧边卷成一根缆

船舶用缆绳。
从左边开始分别是十字法(Cross)、南十字法(Southern Cross)、南方之刃法(Southern Blade)和双刃法(Double Blade)编织而成的缆绳。

照片提供 /NAROC 股份有限公司

第 6 章 液压系统及系泊装置的制造技术

绳。NAROC 股份有限公司可以制作最大直径 180 毫米的缆绳。

制作完成的缆绳的末端最后会加工成圆环状，这是为了能套在码头边的缆桩上系泊船舶。这道工序叫作琵琶头加工，需要先把缆绳的末端解开，再把绳股编到缆绳里，才能制作成高强度的琵琶头。琵琶头的加工到现在仍然由技艺熟练的匠人手工完成。

第一道加捻工序　　　　第二道加捻工序

捻股机

编绳机　　　　热处理

缆绳的制造过程。　　　　照片提供 /NAROC 股份有限公司

6-8 用超级纤维制成的新时代缆绳是什么样的？

所谓超级纤维，就是比钢丝强度还要高的一种有机纤维，比如日本东洋纺股份有限公司生产的超高分子量聚乙烯纤维产品"迪尼玛"，日本东丽集团的聚芳酰胺纤维产品"凯芙拉"以及日本可乐丽股份有限公司的聚芳酯纤维产品"维克特拉"等，都属于超级纤维。

用于制作船用缆绳的是迪尼玛，其强度是钢丝的 2 倍，尼龙的 3 倍。密度仅为钢的八分之一，和尼龙制成的缆绳相比也轻了近 20%，而且能浮在水面上。

这种超级纤维的原材料是从石油中提炼出来的二甲苯和乙炔，将其制成高分子丝状物后会表现出弹性极好的凝胶状态，将这样的凝胶拉长就能制成高强度纤维。

NAROC 股份有限公司研制开发的，可称为新时代缆绳的系泊缆绳"终极 M 线 2 号（Final M Line 2nd）"使用的就是迪尼玛。

该公司不但研制出了这种质量轻适用于系泊作业的新时代缆绳，还在这种产品表面涂上一层厚度 3 毫米左右的荧光层。由于在船上很多时候都是在晚上进行装卸作业，很难看见这么多连接着船舶的缆绳，因此容易发生事故。而有了荧光层，使得缆绳很容易被看见，码头工人就可以更安全地进行作业了，该公司的这种用心让产品广受好评。

缆绳的使用寿命和系泊作业的频率有关，一般情况下 5 年左右需要进行更换。但是使用了这种超级纤维的新时代缆绳据说可以安全使用 10 年左右。

第 6 章　液压系统及系泊装置的制造技术

终极 M 线 2 号（Final M Line 2nd）（上），终极 C 线（Final C Line）（下）。
照片提供 /NAROC 股份有限公司

发货时的缆绳照片。　　　　　　照片提供 /NAROC 股份有限公司

专栏 3　如果没有浮力就无法支撑如此庞大的船体

小鸟、大象和鲸的区别是什么呢？小鸟在天上飞，大象在地上走，鲸在海里游。

飞在空中的小鸟凭借着作用在它翅膀上的升力便能浮在空中。大象则是用脚结结实实地踩在地上，依靠地面的反作用力支撑着身体。而鲸是借助作用在它躯体上的浮力得以在水中行动自如。这些分别称为升力支撑、反作用力支撑和浮力支撑。而且每种支撑方式对身体的大小都有相应的限制。

下图是在地球上现存的使用三种支撑方式的动物里体型最大的物种。从中可以看出升力支撑的漂泊信天翁体型最小，浮力支撑的鲸体型最大。另外，在交通工具里可以说情况也差不多。下图中还包括了升力支撑的最大型客机——波音747（巨型喷气式客机）和反作用力支撑的日本最大型列车——13节车厢的新干线，以及浮力支撑的世界上最大的豪华邮轮，请大家自己比较下它们之间的大小吧。

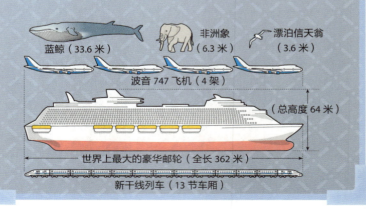

蓝鲸（33.6米）　非洲象（6.3米）　漂泊信天翁（3.6米）
波音747飞机（4架）
世界上最大的豪华邮轮（全长362米）（总高度64米）
新干线列车（13节车厢）

第7章
装卸设备的制造技术

船舶上装卸或搬运货物用的是装卸设备。本章以最具代表性的甲板起重机的制造方法为主来给大家介绍一下相关技术。

装在工厂内模拟平台上的甲板起重机正在起吊货物（左）。右边的甲板起重机跟它背对背。模拟平台用来模拟船体发生倾斜时的起重作业，让起重机在接近实际装载条件下试运行。
照片提供／三菱重工业股份有限公司

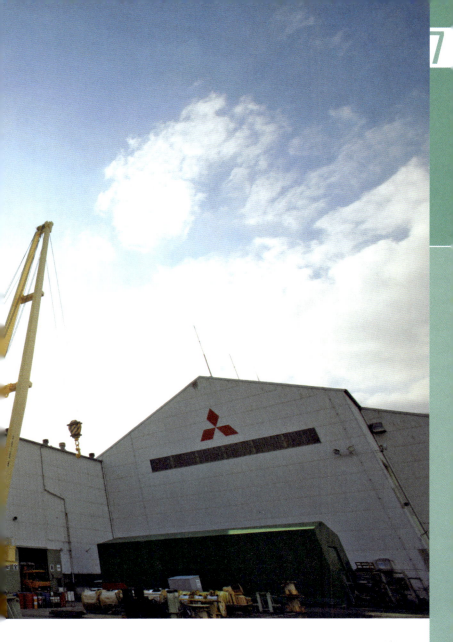

7-1 船舶上是怎样装卸货物的？

船舶上装卸货物的设备称为装卸设备。这类装卸设备在码头和船舶上都有，因为众多陆陆续续进港的船舶有时也会停靠到陆地上没有配备装卸设备的码头，所以船舶上也必须安装装卸设备。

装载到船舶上的货物分为液化货物和干散货两种。液化货物包括各种油以及化学液体等。液货船是直接把船舱作为液舱来使用的，因此这种船上使用泵来装卸液化货物。

液体以外的货物叫作干散货，包括煤炭、铁矿石以及谷物（小麦、米等）等。装卸这样的干散货有许多种方法，比如在船舱

集装箱起重机进行吊装式装卸作业。

第 7 章 装卸设备的制造技术

顶部有个开口,从那里一上一下进出货物的装卸方式叫作吊装式。

有多种起重机用于吊装式装卸。其中最传统的船用起重机就是桅杆式起重机(参考 151 页图片)。桅杆式起重机是把一根吊杆用铰链固定在粗壮的桅杆根部,再用三根钢丝绳分别从三个方向连接吊杆头的起重设备。近些年,船上大多采用操作简便的甲板起重机。除此之外,也有的船舶使用门式起重机。

还有一种装卸方式是在船体侧面有个开口,用一块叫作铰接跳板的斜板与岸搭接,使用车辆在水平方向上装卸货物的方式,叫作滚装式。汽车渡船、列车渡船和滚装船均采用这种方式,也有同时配备吊装式和滚装式装卸设备的船舶。

使用铰接跳板进行滚装式装卸作业。

7-2 桅杆式起重机和甲板起重机谁更胜一筹？

在上一节里已经给大家介绍了过去船用起重机以桅杆式起重机为主。这种起重机在船舶的甲板上有称为吊杆柱的桅杆，其根部用铰链安装了可动式吊杆，利用吊杆末端的滑轮起吊货物。

吊杆借助两边牵引绳的牵引不但可以在水平方向转动，还可以靠起升绳的牵引在竖直方向起吊货物。这三根钢丝绳由液压马达带动的卷筒进行收放。负责各个卷筒的装卸工人得巧妙地操作各自的液压马达把吊杆头提到空中的任何位置。因为吊杆头的位置由三位操作人员的收卷作业来决定，所以如果三个人相互间配合不好，工作效率就低。这样的装卸作业是非常讲究团队配合的，故而称它为"吵架卷"（容易引发吵架的收卷作业）。

后来像陆地上使用的起重机那样一个人就能操作的起重机取代了桅杆式起重机。刚开始需要使用起重机的船都是些提取、运输海底沙砾的采砂船等船舶。它们直接搭载陆地上的起重机来使用。但其起重量仅为数吨，面对需要起重量数十吨以上的货船就显得力不从心了。于是船舶专用的甲板起重机应运而生。普通的甲板起重机起重量为30~40吨，而重物运输船需要的起重量可达100吨。有了这样的船用甲板起重机，只需少数人就能迅速快捷地完成货物装卸作业，码头装卸效率得到了很大提高。

第 7 章 装卸设备的制造技术

桅杆式起重机的构造

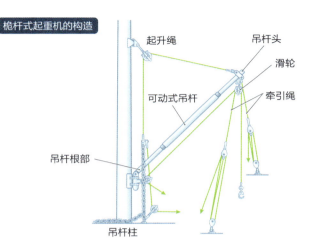

过去的定期货船为了缩短停泊在港口的时间而配备了很多桅杆式起重机。

为装卸重物而配置了大起重量桅杆式起重机的重物运输船。

7-3 甲板起重机的构造是什么样的？

日本船用甲板起重机的主要制造商是三菱重工业股份有限公司，在它旗下的下关造船厂里每年能制造生产超过 300 台船用甲板起重机并被运往日本各地乃至世界各地的造船厂安装到船舶上。

在作为船用甲板起重机主体的基柱里，安装着液压马达等全部装置，基柱安装在一个可以水平旋转的转台上，驱动这个转台的正是基柱内的液压马达。

在基柱的侧面安装着配有窗户的司机室，负责装卸作业的工人就在里面操控起重机。基柱的根部安装着长长的可旋转的用来起吊的悬臂，有一套钢丝绳系统来将悬臂拉起来使之形成仰角。另外还有通过悬臂末端的滑轮起吊货物的钢丝绳系统。这些钢丝绳系统都由液压马达驱动，钢丝绳由卷筒进行收放实现悬臂上下运动，从而把货物吊起来。

三菱重工业股份有限公司生产的甲板起重机的标准型具备 30~40 吨的起重量，提供给日本造船厂的多为 30 吨起重量的。他们还制造安装在重物运输船上的起重量达到 50 吨甚至 100 吨的船用起重机。三菱重工业股份有限公司的甲板起重机的最大特点之一就是为了提高装卸作业的效率，起吊和放下的速度都采用自动控制。5 吨货物的话，起吊速度为每分钟 63 米，12 吨货物的话，起吊速度每分钟 37 米，30 吨货物的话，起吊速度每分钟 18.5 米，货物越轻起吊越迅速。另外，放下的速度和货物重量无关，均为每分钟 63 米。

第7章 装卸设备的制造技术

工厂的地面上排列着甲板起重机的成品。排在中间的两台大起重机（橘黄色）是起重量为 50 吨的。型号不同起重机的尺寸也会不同。

照片提供 / 三菱重工业股份有限公司

装在工厂内模拟平台上的甲板起重机正在起吊货物（左）。右边的甲板起重机跟它背对背。模拟平台用来模拟船体发生倾斜时的起重作业，让起重机在接近实际装载条件下试运行。

照片提供 / 三菱重工业股份有限公司

7-4 甲板起重机的设计思路

甲板起重机在各个港口都是由码头装卸工人来操作的,所以操作简单、故障率低是非常重要的。而且就算万一出了故障也要保证易于维修,这样即便作业效率降低一些也不至于影响正常工作。由于配备了这种甲板起重机的散货船会在全世界众多码头进行装卸作业,所以出故障时只能在现场紧急修理。因此其设计思路就是简单的就是最好的,既要让系统结构尽可能简单,同时也要确保工作效率和安全性。

在三菱重工业股份有限公司制造的甲板起重机上,起重机主体的旋转以及收放牵拉悬臂起吊货物的钢丝绳的卷筒的旋转均采用电液系统驱动。即由电动泵来给油箱内的油加压,利用这个压力驱动液压马达来带动起重机本体或钢丝绳与卷筒的旋转。

在起重机司机室里的装卸工人一旦操作控制杆,铁制的阀杆就会打开起重机主体内部的液压控制阀,液压系统就随之起动了。液压系统采用的结构非常简单,这是把在装卸现场突发紧急状况时能简单修复这一情况作为优先考虑的一种表现。

此外,在起吊重物的状态下,起吊用的钢丝绳与卷筒系统如果出现故障,会有货物从空中落下的危险。为防止这种情况发生,制动器安装了液压锁和机械制动器两个装置,这样就能保证万一其中一个制动器不起作用时,另一个还能正常工作及时防止货物落下。这是在设计时采纳了故障保险的设计思路。

第7章 装卸设备的制造技术

安装在船舶上的甲板起重机。固定的基柱及舱盖等和其他设备的关联性在照片中一目了然。

照片提供／三菱重工业股份有限公司

7-5 甲板起重机的制造技术

让我们来看看制造甲板起重机的三菱重工业股份有限公司下属的下关造船厂。这个造船厂擅长制造渡轮、高速船和调查船等特殊用途的船舶，同时也制造各种船用甲板设备以及液压机械等。甲板起重机正是在该造船厂的大和町工厂里生产的。

我们从甲板起重机主体的制造过程开始吧。由于甲板起重机是在严酷的海上环境下工作的，为了使其不接触到海上盐雾，尽可能地把机器安放在主体内。首先是用计算机控制的切割机切割

在造船厂进行舾装作业的船舶甲板上。承载甲板起重机的圆形基座已经安装完毕，等待着甲板起重机的到来。

156

第 7 章 装卸设备的制造技术

送进工厂的钢板，接着用弯曲机把钢板压弯。为了控制制造成本，尽可能减少曲面的加工。然后把弯曲加工完成的钢板拼接起来，主体的外壁部分就制造出来了。接着在其外部装上司机室，就成为完整的塔身（基柱），最后送去涂装工厂进行涂装作业。

而主体内部的液压设备、钢丝绳与卷筒等则先被紧凑地安装到转台上，再在其上面套上上文中提到的塔身。

用于起吊货物的长长的悬臂是分成三部分来制造的。首先把一块细长的钢板弯曲成槽形，再用另一块细长钢板作为盖子焊接到它的开口处。接着把三根这样断面呈"口"字形的杆状部件焊接到一起，就得到一根长度不到 30 米的细细的悬臂构件。然后把同样的两根悬臂构件横向并排摆放并连接在一起，这样即使在其末端悬挂重物也不会弯曲。至此悬臂就制造完成了。

安装完毕的甲板起重机。

7-6 不同的船舶装卸设备也各式各样

船舶上除了甲板起重机外,根据不同的需求还配备有其他各种装卸设备。让我们来看下其中的一部分。

● 碎木运输船

碎木运输船是专门用来运输由木材粉碎而成的小木片的船舶,属于散货船的一种。它使用甲板起重机把碎木从各个舱口里吊起再投入到旁边的漏斗里,随后通过传送带送到船舷处,在那里转送给通往船首方向的传送带,最后从同一个位置卸货到岸上。

● 门式起重机

这是一种可前后移动的门架式起重机。把船舱内的集装箱等货物吊起后横向移动,从船舷处卸货。当码头没有集装箱专用起重机时它就大显身手了。

● 水泥运输船

水泥运输船的装卸设备的形状非常特殊。水泥是呈粉状的散装货物,而且怕沾水,所以需要借助泵利用压缩空气通过管道把它从密闭的船舱里弄出来卸货,再送入到码头边的水泥储库中。压缩空气是由船上的空气压缩机产生的。

第7章 装卸设备的制造技术

甲板起重机。照片里是碎木运输船的起重机。

门式起重机。可前后移动的门架式起重机。

拥有特殊装卸设备的水泥运输船。

水泥运输船也有很多种类。照片中能看到的船上设备是空气压缩机。

● 石灰石运输船

有些石灰石运输船配备了传送带式的装卸设备——自动卸货装置。

● 滚装式装卸的船舶

进行滚装式装卸的船舶有客滚船、滚装船和汽车运输船（PCC 或 PCTC）等。这些船上有折叠的铰接式跳板（斜坡道），把铰接式跳板搭接到岸上，车辆就可以自行行驶进行装卸。在船首位置有铰接式跳板的船会在外侧有个艏罩壳以防止海浪直接冲击损坏铰接式跳板。装卸时艏罩壳会先弹开，内部的铰接式跳板再放下。

安装着装卸石灰石用的自动卸货装置的船舶。

滚装船上弹开了的艏罩壳。

第7章 装卸设备的制造技术

位于汽车运输船船舷的铰接式跳板。它由数根钢丝绳来进行升降。上下两个出入口可以交替架设铰接式跳板。

位于汽车运输船船尾的巨大的铰接式跳板。照片中是折叠收纳起来的状态。

铰接式跳板

用来升降铰接式跳板的钢丝绳系统。

7-7 液货船是怎样装卸货物的？

运输油等液态货物的是液货船。以前是把液态货物装进木桶或铁桶内进行运输的，但随着运输量的增加，逐渐把船体本身作为容器装入液态货物了。英语里把液货船叫作 tanker，tank 一词有罐子、箱子的意思，所以 tanker 也就意味着"有罐子的运输设备"了。

液货船用液压泵来装卸货舱里的液态货物。船体内用液体无法渗漏的水密舱壁分隔出很多个货舱，这种形式同时也是出于安全性的考虑。像原油船这样只运输一种油的船，是用货油泵连接

原油油船装卸设备的构造相对简单。

第 7 章　装卸设备的制造技术

着货舱的管路来进行装卸，而如果是成品油船或者油／化学品兼运船的话，由于它每个货舱里装载的液态货物都不一样，所以针对每个货舱都需要配备不同的管路。

这些液态货物的装卸设备是由连接货舱的管路，通过管路装卸液态货物的货油泵以及开关管路的阀门组成的。其中因为货油泵的流向在装货和卸货时是不同的，所以使用电磁阀来切换流向。

开关管路使用的是叫作蝶阀的阀门。正如它的名字，它的形状像蝴蝶，用来关闭圆形管路的圆形阀门只要绕着中心轴回转就能进行开关。大型油轮上使用的蝶阀是一人多高的庞然大物。这种情况下需要使用液压装置或者电动装置来开关阀门。

生产制造船用蝶阀等部件的顶尖制造商是位于日本大阪的中北制作所股份有限公司。蝶阀这种部件对于品质的要求非常高，每一个产品都必须经过严格检验，确保在设计制造过程中没有任何问题后，才能被船级社等机构认可。

成品油船甲板上的管路错综复杂。

成品油船的液态货物进出口。从照片中可以看到有各种各样的管路。

7-8 控制液体流动的蝶阀是怎么设计开发出来的？

蝶阀对于液态货物或发动机燃料的截断及流量控制来说是不可缺少的部件。这个部件是基于流体控制理论设计开发出来的，该理论得益于计算机技术的广泛应用并推动了流体力学的发展。

设计开发蝶阀时先借助CAD（计算机辅助设计）软件完成图样，再借助CFD（计算流体动力学）软件用流体分析和有限元分析等方法来对其结构进行解析，从而设计出最适合的阀门形状、尺寸以及功能等。

蝶阀。 照片提供／中北制作所股份有限公司

第7章 装卸设备的制造技术

　　船舶一般都是按照订单生产的，所以因海上航线或停靠的港口不同对装卸作业的要求会不一样。蝶阀只有在造船厂提出订单后，才会根据要求的规格进行设计并估算价格。

　　一旦接受了订单，就开始着手材料的采购、加工和组装。为了让这样的订货、生产过程更有效率，中北制作所股份有限公司使用了一套自主开发的 NAPS（生产管理系统），有效地保证了生产制造过程的效率化、规范化和合理化。

　　完成后的产品会经过严格的检验。比如液化天然气船的蝶阀必须用液氮将其降温到零下 196℃ 来检查其是否能正常工作。

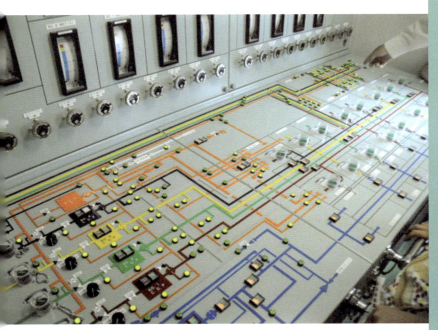
操控泵和阀门的装卸控制台。

专栏 4

为什么船体越大越节能？

船一运动就有阻力产生。水的密度是空气的 800 倍，因此船舶在水中受到的阻力至少是空气中运动的物体所受的阻力的 800 倍。要让船舶正常行驶，就需要战胜如此巨大的水的阻力，这个力就叫作推力。

刚开始给予船舶这种推力的是人力和风。后来随着蒸汽机的发明并用于船舶来产生船前进所需要的推力，这样的船就被称为"动力船"了。

船舶的发动机从蒸汽机开始，经过了蒸汽涡轮再到柴油机的变迁过程。现在的船舶发动机几乎都是柴油机，因为和其他类型的发动机相比柴油机的能量效率更高。

把发动机产生的动能转变为船舶需要的推力的装置是推进器。船舶最常用的推进器是螺旋桨。它有像电风扇叶片一样的外形，通过把水向后方推挤来产生推力。当船舶以一定的速度前进时，这个推力和船舶受到的阻力刚好处于平衡状态。

阻力和水的密度、船体没入水中的表面积以及船舶行进速度的平方成正比，即如果水的密度和船舶行进速度不变的话，阻力和船体没入水中的表面积成正比。

另外，因为船舶所受到的重力和浮力相等，所以浮力和船体没入水中的体积成正比。即该表面积与船体尺寸的平方成正比，该体积却和船体尺寸的三次方成正比，因此船体尺寸越大，相较于三次方比例的"船舶重力增加率"，平方比例的"船舶阻力增加率"更小。由此可知，在重力相同的情况下，船体较大的船舶反而消耗相对较少的能量就能行驶了。

第 8 章
通信器材和雷达的制造技术

对只身航行在广阔海洋上的船舶来说,通信器材和雷达是必不可少的。本章给大家介绍目前主流的国际海事卫星(通信卫星)船舶地球站以及高性能雷达的制造技术。

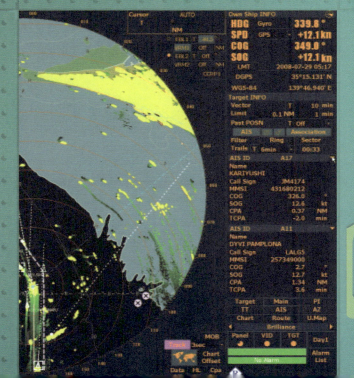

8-1 国际海事卫星(通信卫星)

在广阔的海面上无法铺设电话线,无线电话也无法使用,普通的手机因为距离陆地上的基站距离太远所以没有信号。在船上大展身手的是利用卫星通信的卫星电话。在全球所有海域里都能使用的是称为国际海事卫星的通信卫星,它原本是由国际海事卫星组织(一家国际机构)来运营的,但在1999年转交给了民营的国际海事卫星公司来接管。国际海事卫星在赤道上方的地球自转轨道与地球同步旋转,属于静止卫星。总共发射了三颗,分别位于非洲、亚洲和美洲上空,以这三颗卫星为媒介便能实现无线通信了。

在刚开始的时候,卫星电话像普通电话一样只能进行音频通信,从2002年起开始使用数据通信方式,在船上也逐渐能使用互联

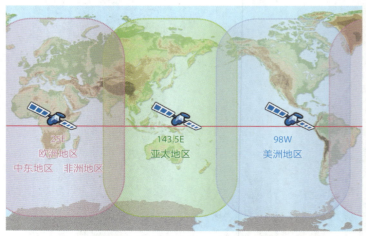

三颗国际海事卫星分别覆盖的地区。

第 8 章　通信器材和雷达的制造技术

网，并且这种通信网络的高速化正在飞速发展。由此随着通信技术的进步，曾经作为船舶通信手段的借助短波发送莫尔斯码的通信方式从 1999 年开始逐渐不再使用了。另外，以前的这种通信方式对于通信技术的要求也很高，船上必须配备专门的通信人员，如今这种职位也随着旧的通信方式一起消失了。

在下面的照片中，船上搭载的半圆形白色圆顶罩正是国际海事卫星的天线。其中有的天线是用来不断追踪静止卫星方位的自动跟踪天线，因为船舶所处的位置发生改变，天线的方位角和仰角就会改变，而船舶行驶时必须根据所航行的海域使用不同的卫星。这就意味着必须要有高端的控制技术来让船舶上的国际海事卫星的天线能够根据船舶的移动不断追踪卫星，保证天线能够始终指向卫星。而且还有个麻烦问题是船舶在海浪中是会晃动的，因此需要一边修正船体晃动造成的误差，一边让天线笔直地指向卫星。

国际海事卫星船舶地球站的天线。照片中是日本观光邮轮"日本丸"号上的天线。

8-2 国际海事卫星船舶地球站使用什么样的天线?

国际海事卫星船舶地球站的主要制造商之一——日本无线股份有限公司生产的系列产品特点是在白色圆顶罩上印着红色 JRC 字样,其中顶级商用款经常可以在港口停泊的船上看到。该公司创立于 1915 年,是家拥有百年历史的老字号制造商。制造生产国际海事卫星船舶地球站的工厂位于日本东京都的三鹰市。

让我们来看看白色圆顶罩的里面是什么样子吧。其内部收纳着国际海事卫星的天线。原来曾使用大圆盘状的抛物面形天线。所谓抛物面形天线,是指天线内侧有抛物线那样的弧度。这样形状的天线有利于把辐射到天线上的微弱信号集中到一点以便接收到更强的信号。而现在使用的天线是在一个平面的圆盘上,上下左右对称安装着若干个正方形天线。

虽然圆盘上的天线各自都接收来自卫星的信号,但如果圆盘没有笔直地朝向卫星,左右两边天线接收到的信号强度就会稍微有些差异。因此会通过调整天线方向使左右两边的强度一致,让天线能不断追踪卫星。有了如此精密的跟踪控制系统,使得天线性能提高,也使卫星天线圆顶罩尺寸不断变小。

这种圆盘状的天线,不但能水平 360° 旋转还能朝仰角方向旋转,而且圆盘轴也可以旋转。计算机控制天线朝着卫星方向,并通过传感器测量船体运动情况,即便船体发生大幅度摇摆也能修正并继续跟踪卫星。

第 8 章　通信器材和雷达的制造技术

圆顶罩内的抛物面形天线。

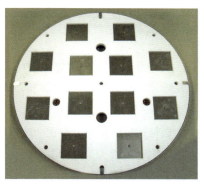
现在的平面形天线。

发货前测试中的天线。

放在蓝色摇动台上进行跟踪卫星的测试。　照片提供 / 日本无线股份有限公司

8-3 国际海事卫星船舶地球站的制造技术

国际海事卫星船舶地球站分为安装在甲板上的天线部分,设置在船体内部的通信控制线路部分以及从那里连接到语音电话或计算机等的外部接口部分。

通信控制线路部分是在一块用玻璃纤维与环氧树脂等材料制成的印刷电路板(下文称电路板)上装载着各种大规模集成电路(LSI)和中央处理器(CPU)等芯片。电路板的制造是在电路板制造中心,在这里是不允许有静电存在的,因此参与制造生产的从业人员穿着的衣服和鞋子都是防静电的。

通信控制线路部分是由自动化生产线制造的。用于装载芯片的电路板上一点点微尘都不能留,所以首先得去除这些微尘,随后用叫作静电消除器的设备进行消除静电处理。静电消除器会产生正离子和负离子,用极性相反的离子中和电路板上的静电来消除静电。

其次,在电路板与芯片的连接部分印刷上焊锡膏,这是种把焊锡弄成粉末后制成的膏状物质。印刷完焊锡膏后,就能在电路板上自动装配芯片,以及使用回流焊炉加热熔解焊锡再冷却,使芯片焊接在电路板上,之后电路板经过锡焊外观检查机对一个个部件的配置和焊锡状态进行检查,确认其为合格品后再继续进入下一道工序。

最后制造完成的通信控制电路板会安装到船体内部的控制设备上,用来把国际海事卫星天线收发的信号转换成船员能识别的音频或数据。

第8章 通信器材和雷达的制造技术

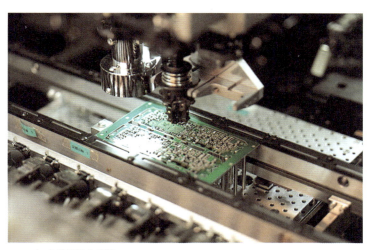

电路板的生产线。

用显微镜对电路板进行目视检测。

照片提供/日本无线股份有限公司

8-4 国际海事卫星船舶地球站的装配技术

用于国际海事卫星船舶地球站的船上设备（天线）和船内设备（电源，通信控制线路，外部接口）的装配以及检查是在日本无线股份有限公司三鹰制造厂的海上机器制造部进行的。因为这里严禁静电，所以必须穿上防止静电的衣服和鞋子，同时还配备了一个外形类似体重计的用来检查导电性的装置。地上则铺着能消除静电的绿色地胶。

让我们来看下它的装配过程。首先把天线安装在一个具有3个旋转自由度的可动支架上，在各个自由度用电动机驱动旋转天线。另外还需要安装 GPS 来定位船舶所在的位置，由此计算卫星

INM-F 船站的（上一代）船体内部设备。

FBB（Fleet Broad Band）的船体内部设备。
照片提供 / 日本无线股份有限公司

174

第 8 章 通信器材和雷达的制造技术

天线的方位角和仰角，让天线指向卫星所处的方向。从 GPS 得到的地球上的经纬度数据和人造卫星相对静止时的经纬度数据就能求出天线的仰角。

接着 360° 旋转天线，找到信号最强的方向，把天线对准那个方向。检测分布在卫星天线圆盘上的多个天线的输出之间是否存在不平衡，在找到正确的卫星方向后，把圆盘的正面朝向那个方向。另外还会使用振动陀螺仪监测船体的运动情况，同时还使用加速度传感器控制电动机以更高的精度修正船体的运动。

船体内部设备是个细长的筒形壳体装置，其内部安装着装载了集成电路以及电源模块等的电路板。之后各单元模块会在 –25℃~55℃ 的温度范围里进行连续 12 个小时的性能测试，求出各个单元模块所对应的温度修正系数。

计算模块温度修正系数的装置。　　照片提供 / 日本无线股份有限公司

8-5 能经受严酷环境的国际海事卫星船舶地球站

生产完成的装置必须经过耐环境性能测试。对于在海上严酷环境中只能靠一己之力安全航行的船舶来说,必须时常和陆地或海上其他船只保持正常通信。因此国际海事组织(IMO)提出了严格的环境评估标准,船上设备必须符合该标准才算合格。

船舶有可能会从酷热的赤道地带航行至严寒的两极地区,而且在航行过程中如果主机发生故障不能工作,甚至连船体内部的电源也被切断,整个陷入黑暗状态,这时必须保证能使用备用

环境检测用的恒温室。把设备放入该室内,测试其在高温高湿的环境中能否正常工作。

把天线罩放在振动台上进行试验。

照片提供/日本无线股份有限公司

第8章 通信器材和雷达的制造技术

电源和外部取得联系。因此要求国际海事卫星船舶地球站必须在 –25℃~55℃的环境温度范围内可以正常通信。

进行这项环境测试的设备在日本无线股份有限公司的工厂内。其中一个测试项目是上文中所说的温度,另一个测试项目是振动。温度测试是准备了数间温度从 –40℃到 80℃,并能长时间保持设定湿度的房间,把制造完成的设备分别放在这些房间里测试其是否能正常工作。振动测试则是把设备放在一个振幅可达 ±25 毫米的可在水平方向和垂直方向振动的测试台上,检查设备在受到强烈振动时是否会发生破损。这种振动台最大能产生 5 倍重力加速度,即 5g 的加速度。

结束了这一系列严酷环境的测评后,才能获得国际海事组织的型式认可。所谓型式认可,是指检验相同设计条件下制造完成的产品的性能是否符合标准,并且对之后制造出来的产品一并进行认可的检验制度。

只有能经受住这些严酷环境测试的可靠设备才会发货,运送至造船厂安装到船舶上。

接受发货前检查的国际海事卫星天线。

覆盖整个天线的圆顶罩。
照片提供/日本无线股份有限公司

177

8-6 雷达对于航海来说必不可缺

雷达（radar）的英文单词源于 Radio Detection and Ranging 的首字母，而现在该词已经在全世界通用。一台雷达由约 2000 个零件组成，是非常精巧的精密仪器。

雷达是现代船舶航海过程中绝对不能缺少的航海仪器之一。无论在晚上，还是下雨天，或是在大雾中，通过雷达都能够准确把握船舶周围的状况。

雷达的原理是由自身发射出无线电波，再接收该无线电波碰撞到物体后反射回来的无线电波，最后从这过程中所花费的时间来判断与该物体之间的距离。因为无线电波的速度可达 1 秒内绕地球 7 圈半，所以雷达最大的优点就是在一瞬间就能把握周围的情况。

雷达所使用的无线电波是波长极短的 S 波段（频率为 3GHz，波长 10 厘米）和 X 波段（频率为 9GHz，波长 3 厘米）的微波。发射微波的是一种真空管式振荡器，叫作磁控管。平时家里使用的微波炉能让食品内部温度上升，就是靠这个装置。

把磁控管产生的微波传导到叫作导波管的中空铝管里，随后继续引导到桅杆上旋转的雷达天线上，从那里以脉冲波的形式发射出去。

在旋转的雷达天线里有一根按一定规律分布着倾斜狭缝的导波管，微波就从这根导波管里发射到外界。

据说在过去，日本海军开发了船用雷达用来探测对方的战舰或者测量射击距离。日本战列舰上曾搭载了具有实用价值的雷达，并且后来到了战争末期从战列舰到驱逐舰上普遍配备了这种装置。

第 8 章 通信器材和雷达的制造技术

"银河丸"号的雷达桅杆上搭载着 3 台雷达天线。

产生微波的磁控管。
照片提供 / 日本无线股份有限公司

8-7 雷达天线能承受每秒 50 米风速的强风

按照国际海事组织（IMO）的规定，雷达天线必须在 100 节，也就是每秒 50 米的强风中也能以每分钟 20 转以上的转速旋转。在这样的强风中依旧能保持一定转速的性能叫作抗风性能。

要提升这种性能，需要把覆盖天线的圆顶罩的形状尽可能做成不易受风压的扁平状，同时为了尽可能使它靠小电动机驱动就能旋转，应尽可能使其轻量化。为了获得高抗风性能，日本无线股份有限公司使用了宇宙航空研究开发机构（JAXA）的飞机和火箭用风洞设备，把雷达天线放在风中使其旋转，来进行测试作用在天线上的风压的试验。

雷达天线的旋转，需要使用能控制其旋转周期并能获得巨大扭矩的无刷直流（DC）电动机来驱动。和交流（AC）电动机相比，这种电动机体积小重量轻，起动时可以减轻驱动

雷达显示器（上）和雷达天线（下）。　　照片提供／日本无线股份有限公司

第 8 章　通信器材和雷达的制造技术

齿轮的负担，延长其使用寿命，并且还能提高在强风环境下保持一定转速的抗风性能。

为了让雷达天线发射出的无线电波传得尽可能远，将其安装在船最上部甲板处的雷达桅杆上。雷达桅杆会跟随着风浪引发的船体运动或者发动机等船体内部的机械设备产生的振动等发生共振，因此雷达天线需要采用在雷达桅杆发生共振时也不会损坏的抗振设计。

磁控管设置在雷达天线底座的铝制盒子里，通过导波管垂直向上传导微波，接着再继续传到上端被直角弯曲呈水平状态的天线部分的导波管里。

X波段的雷达天线内部的导波管（左边两张照片）和旋转接头（右边照片）。旋转接头用来连接旋转的雷达天线及其底部传导微波的部件。

照片提供 / 日本无线股份有限公司

8-8 雷达的"大脑"采用高性能的图像处理集成电路

雷达的中央处理器需要接收从雷达天线发射出的微波遇到物体后反射回来的微波,计算出和该物体间的距离并显示出周围的情况,故而对其信息处理能力要求非常高。

将高速旋转的雷达天线接收到的数据,从极坐标转换为平面坐标并瞬间显示到显示器画面上,一般的计算机是处理不了的。因此日本无线股份有限公司使用的是搭载了自主开发制造的图像处理集成电路的电子基板。该系统需要在低温乃至高温高湿的严苛环境下仍能正常工作,因此需要极高端的技术开发能力和制造技术。

雷达的"大脑"从以前的模拟信号设备到现在的数字信号设备,发展十分迅速。过去的雷达只是在一个圆形画面上显示雷达天线所收到的模拟信号数据。而最让当时的船员们感到不方便的是,很难从那种图像上判断周围船舶的行进方向以及速度。但自

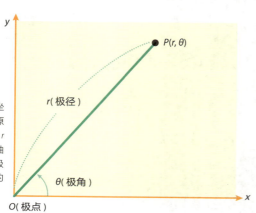

将 xy 平面坐标内的点 P 用其与原点 O(极点)的距离 r(极径)和 OP 与 x 轴正方向的偏角 θ(极角)为一组数表示的坐标,称为极坐标。

第8章 通信器材和雷达的制造技术

从信号数字化以来，周围船舶的运动轨迹不但可以作为数据保存并显示出来，还能对它的形迹进行分析。

另外，如今还研发出了能模拟碰撞可能性的TT（Target Tracking）雷达和能把海图数据显示在雷达图像上、易于进行航路监视或防止触礁的海图雷达等。现在的国际公约已经规定了船舶上必须搭载这些设备。

还有一些船舶上搭载了船舶自动识别系统AIS，这个系统会不断发送各艘船的船名等各种信息，而且这些信息也能显示在雷达图像上。

雷达的电子基板。

过去的模拟信号雷达图像。

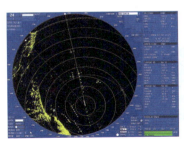
普通的雷达图像。

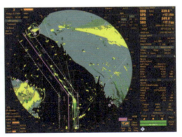
能把海图同时显示在画面上的海图雷达。

照片提供／日本无线股份有限公司

8-9 雷达仍在日新月异地发展

为了防止发生人为失误（Human error）导致的海难，国际海事组织（IMO）综合利用了各种电子航海仪器，一直在推动e-Navigation战略。e是electronics（电子）的首字母，Navigation是航海的意思。这项战略是尝试把所有航海必需的信息集中显示在船舶驾驶人员周围，以此为了安全航海自不必说，更能利用这些信息来帮助实现节能航行和防范海盗。

日本无线股份有限公司制造的最新型综合型驾驶室。

第8章 通信器材和雷达的制造技术

为此应运而生的尖端航海设备叫作综合导航系统（Integrated Navigation System，INS）。它把一直以来分开、独立配置在驾驶室里的雷达显示器、电子海图显示器、发动机控制系统以及操舵装置等像飞机驾驶舱一样全部集中安置在船舶驾驶人员的周围。

特别是在欧洲的高端船舶上，船舶驾驶人员可以一边监视各种显示器上所反映出来的信息，一边还能像在飞机驾驶舱里那样坐在椅子上就能进行所有操控动作。

使用半导体振荡器来取代发射微波的磁控管的尝试也正在进行。由于使用了半导体元件，因此把这种雷达称为固态雷达。它不但能够控制所产生的微波的频率和相位，并且在提升了探测性能的同时还具有不会产生不需要的无线电波的优点。无线电波广泛应用于广播、手机等领域，把所使用无线电波的频率宽度变窄变成更纯净的无线电波是整个社会所追求的。另外，如果没有了作为消耗品的磁控管，也可以提高振荡装置的使用寿命。虽然半导体的价格偏高，该种装置短时间内无法得到普及，但可以预期它总有一天会作为雷达的无线电波发射装置被广泛采用的。

世界上最大的邮轮"海洋绿洲"号的雷达图像。可以看到画面上也显示着海图。
照片提供／日本无线股份有限公司

185

8-10 易受海浪干扰的雷达里有了新研发的波浪观测装置

本节给大家介绍日本无线股份有限公司研发的独特雷达功能。一直以来海浪对于雷达来说始终是个麻烦。雷达最初是为了了解周围的船只或陆地上的障碍物以保证安全航行而研发的航海仪器，但当海浪升高时，来自海浪的反射波也会反映到雷达上，导致难以识别真正的目标物体。因此海浪对于雷达来说纯粹就是种干扰。

除此之外，海浪对船舶的航行也产生了各种各样的影响。船体会随着海浪而运动，有时甚至有发生倾覆的危险。另外，海浪还给船舶增加了阻力，导致船舶的速度下降而进港延迟的事情也时有发生。对于船舶来说如此麻烦的海浪，船员们却除了目测别无他法。而一旦到了夜间或遇上雨雾天气，目测方式也会失效，甚至有时会因此造成重大海难。

因海浪致使货物散落而侧翻搁浅在沙滩上的大型渡轮。

第8章 通信器材和雷达的制造技术

但是，日本无线股份有限公司研发的雷达能对曾经只属于干扰的海浪所反射回来的无线电波进行数学分析，从中成功计算出海浪到来的方向及其波长、波速和波高，并以此推出了商用的船用雷达波浪观测装置。这种装置在分析海浪时使用了二维傅里叶分析、交叉谱分析和谱积分等数学方法。这种系统之所以如此出类拔萃，是因为它能够在不改变原先航海雷达系统配置的情况下，只需设置分析系统就能测量波浪。

笔者的研究室里也正在使用由该装置采集到的波浪信息来评判会导致倾覆或货物散落的剧烈横摇的危害程度，研发能给航海的船员推荐的减少危险的操船方法和系统。

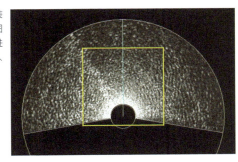

雷达波浪观测装置。照片是显示在雷达图像上的海浪。通过对它进行分析能求得海浪的波高、波速和波长等信息。

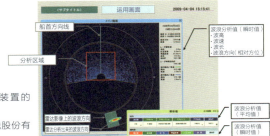

波浪分析装置的显示画面。
照片提供／日本无线股份有限公司

8-11 使船舶上也能时常连接互联网的卫星通信系统

在本书 168 页已经提到了，船舶通过卫星进行无线通信的技术正在飞速发展。随着宽带通信的发展，在船上人们开始逐渐使用互联网。而陆地上的通信得到了更进一步的发展，不仅随时能使用互联网，还能进行视频通信。因此船舶上也开始要求能像陆地上那样进行高速度大容量的通信。

其中最具代表性的通信系统是使用了国际海事卫星所支持的第四代海事卫星通信服务、海上宽带业务（Fleet Broadband）以及 Ku 频段（12~18GHz）的船载地球站（ESV），它是数据最大传输

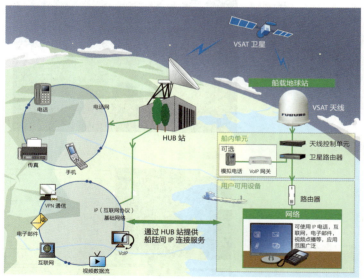

VSAT 系统概要图。

图片提供／古野电气股份有限公司

第8章 通信器材和雷达的制造技术

速率达到 1Mbps 的高速宽带通信系统，一般被称为 VSAT 卫星通信系统的船用版。

国际海事卫星现在使用三颗卫星覆盖了全球的海洋范围，但由于 ESV 是以陆上通信用的 VSAT 卫星通信系统为基础发展来的，所以其卫星只能覆盖相当有限的区域，尚不能达到覆盖全球海域的程度。而且为了依靠 ESV 也能进行高速度大容量的通信，便使用了 Ku 频段的无线电波。

以生产鱼群探测仪闻名的古野电气股份有限公司注意到了宽带卫星通信的前景，不但进行相关设备的研发和制造，还开始了把设备、通信费用以及相关应用打包起来的整个船舶通信事业的运营。尤其是 ESV 每月固定费用制，能够提供持续的宽带服务，使船舶上拥有和陆地上相同的通信环境，并且凭借高速通信可以使船员更易获得来自陆地上的支持，从而进一步提升了船舶航行的效率和安全性。

VSAT 系统的设备构成。　　　　　　　　　图片提供 / 古野电气股份有限公司

8-12 船载地球站（ESV）的天线为什么那么大？

虽然保护船载地球站（ESV）天线的天线罩的外形和国际海事卫星的船用天线非常相似，但古野电气股份有限公司制造的尺寸为直径 1.6 米、质量 175 千克的 ESV 天线与直径 0.6 米、质量 21 千克的国际海事卫星 FELCOM500 天线相比就是个庞然大物。这是因为要实现高速通信必须配备大型的抛物面天线，而且不断跟踪目标卫星的工作系统也比较复杂，同时也需要制造得非常牢固。

之所以一定要使用大尺寸的天线，是因为卫星通信所使用的无线电波波束宽度很窄，通信速度越快越需要大型的天线。

使用抛物面天线进行高速度大容量的通信，陆地上就能时常对船上系统的工作情况进行监视，出故障时也便于船舶接受诊断和专业维修人员的指导。当船上出现危重病人时也能从陆地上进行远程医疗诊断，这些对于时常单独在海上航行的船舶来说能大幅度改善工作和生活环境。

凭借 ESV 不仅能随时更新电子海图，监视发动机等主要机器设备，通过视频录像提供船内船外的监控获得航海支援，还能拨打免费网络电话和陆地上进行通信，在船上使用手机，传送新闻或天气预报，收看网络电视以及观看视频点播等。各种各样的通信功能都可以和陆地上一样使用。把高速宽带通信引入到船舶不仅有助于船舶的安全和高效航行，还能充实船上生活。对于为年轻船员不足而烦恼的海运界而言，还希望借此能留住优秀的年轻船员。

第 8 章 通信器材和雷达的制造技术

VSAT 的天线圆顶罩。

两种海上宽带业务的终端。左边是 FELCOM500 型，右边是相同系列的 250 型。

图片提供 / 古野电气股份有限公司

专栏 5

压载水和物种入侵有什么样的关系？

在很多船上，压载水是必需品。所谓压载水，就是把海水压入位于船底等部位的水舱里，用来使船舶重心下降以增大复原力矩，或者让船下沉以使螺旋桨浸入到足够深的水面下。

比如像铁矿石运输船、油轮以及汽车运输船（Pure Car Carrier，PCC），这类船舶往往单向运送货物，返回时因为没有货物，船舶吃水大幅减小，为了防止这种情况，就必须压入大量的压载水。

但是这种压载水引发了环境问题。大量装载着的压载水会在码头装载货物时排出。这时，包含在压载水里的微小海洋生物或它们的种子就会被一起排放出来并在那个水域中生长，从而引发外来物种入侵。

为了解决这个问题，国际公约规定船舶必须先去除掉压载水中的微生物之后才能将水排出，因此船舶必须配置压载水处理设备。

另一方面，船舶在卸载了货物之后，再装载大量压载水航行会增加阻力，违背了节能航行的初衷。因此便开始考虑研发不需要压载水的船舶。比如开发出了为确保螺旋桨推进器的淹没深度，即使卸货后吃水深度也不会变化的船型，或者把推进器改成可上下运动的吊舱式推进器，即使吃水较浅时螺旋桨淹没深度也能得到保证的船舶等。另外为尽可能不对沿岸产生影响，也有人提出研发在航海过程中在海上自动进行压载水交换的船舶的方案等。

第 9 章
涂装技术

涂装能使船舶在海上环境中免于生锈。从高性能涂料的制作方法到高精度的涂装方法，本章均会给大家逐一介绍。

9-1 为什么船舶必须进行涂装？

钢铁制成的船舶直接在大海里航行的话，它的表面会因为生锈而变得伤痕累累，这种现象叫作腐蚀。防止腐蚀的措施称为防腐蚀处理。防腐蚀处理就是在钢板表面涂覆一层涂料，这就是涂装，是造船过程中非常重要的一项工程。用于船舶涂装的是各种船用涂料。船舶经常暴露在富含盐分的海水中，腐蚀非常剧烈，另外，海洋中的生物也会附着在海面下的船体表面导致船舶受到的阻力增加，因此必须要采取措施，也就是防污处理。这也就意味着船舶涂料必须具备两个作用，一个是防止钢铁表面受到海水侵蚀的防腐蚀作用，另一个是减少海洋生物附着的防污作用。

那为什么涂料会如此牢固地附着在钢铁表面呢？原因有两个，一个是在构成涂料的树脂成分中加入易和钢材表面结合的材料提升黏着力；另一个是具有流动性的涂料会流进钢铁表面细小的凹坑里，涂料中具有挥发性的溶剂成分一旦挥发，涂料就会和钢铁之间产生像榫牢固地插入卯一样的黏着力。这种黏着力的大小会因涂料的化学成分、颗粒的形状和大小以及表面的粗糙程度而改变，所以在这方面，扎实的研究和相关成果的积累十分重要。

第 9 章　涂装技术

涂料在涂装完毕干燥后会成为以膜状覆盖在物体表面的固态涂层，为使涂料更易于涂覆，在其中添加了易挥发的溶剂使其具有流动性。船舶涂层的主要成分是合成树脂，船底防污涂层的主要成分是丙烯酸树脂，而水箱及处于海面上的船体部分所使用的涂料主要成分多为环氧树脂。最近也出现了由价格昂贵的硅树脂制作而成的船舶涂料。

船坞内的船舶。正准备剥去已腐蚀的部分，然后进行整体重涂。

9-2 添加剂和颜料决定了涂料的功能

要使涂料具备各种功能,需要调配进各种添加剂。这种调配工艺正是各家涂料生产商的技术诀窍所在,也是必须具备高超技术的一个环节。

在把各种固体成分和溶剂混合到一起时,为使其易于混合同时防止固体物质之间相互凝聚需要使用分散剂;在垂直的表面上进行涂装时,为防止涂料流挂需要使用防流挂剂;让涂料中没有气泡残留需要使用消泡剂;为防止保存中的颜料发生沉淀需要使用防沉降剂;为加快涂层干燥需要使用固化促进剂。这些添加剂都是根据涂料不同用途精心调配的。这些添加剂只需少许剂量就能发挥各自作用,可以说是精品。研发部门正在研发适于各种用

研发部门正日以继夜地研究添加剂等溶液的调配。

照片提供 / 日本 Paint Marine 股份有限公司

途的涂料。

涂料成分中也包含颜料。其中能够赋予物体颜色的是着色颜料。白色使用钛白或锌白，黑色使用炭黑，经常涂覆于吃水线以下部分的红色使用了称为"印度红"的氧化铁，蓝色则多使用绀青色等。使涂料易于涂覆，把涂层加厚或增加涂层强度的是体质颜料（也称填料），它里面使用了硫酸钡和硅铝酸盐等。让铁的表面保持弱碱性并使其钝化以防止被腐蚀所用的是防锈颜料。过去曾使用氧化铅、碱式硫酸铅和铬酸锌等铬合金，现在出于保护环境的考虑已经不再使用含铅或铬的防锈涂料了。另外，涂料中还会添加含有铝粉或云母等具有特殊功能的颜料，它可以使钢板表面和水及氧气隔开，能更彻底地防止钢材生锈。

船用涂料的颜色五彩缤纷。照片里的是朱红色涂装和深红色船底涂装。

照片里的是白色涂装和蓝色船底涂装。

9-3 涂料的制作要经过很多道工序

涂料是在合成树脂、颜料以及添加剂等基本原料中再添加溶剂，然后把这些物质混合一起熬炼制成的。这一节我们来了解其具体的制作过程。首先混合搅拌合成树脂、颜料和溶剂，制成均质的色浆。这一步称为混合准备或者前练工程。所使用的是叫作前练槽的搅拌设备。在经过这道工序后制成的色浆中所含的固体物质仍是大小在200~300微米之间的较大颗粒，它需要再进行高速搅拌使颗粒更小。

其次加入树脂清漆包裹住颜料以防沉淀或凝缩。这里使用到的设备是砂磨机。所谓砂磨，就是指用砂子来研磨的意思。而这

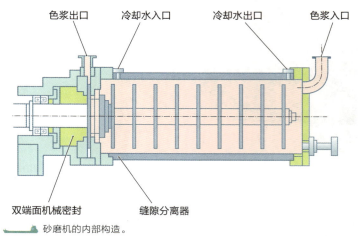

砂磨机的内部构造。

图片提供 / 日本 Paint Marine 股份有限公司

第 9 章 涂装技术

里的"机"是指搅拌机,是在一个圆筒形的混砂罐内部安装着若干旋转叶片,这些叶片边缘以约 8 米 / 秒的圆周速度旋转搅拌色浆。为了把颜料颗粒研磨成 10~70 微米的细小颗粒,要混入沙砾状的小玻璃碎片一起进行搅拌。用这种搅拌机是否能制成颗粒足够细小、均质的色浆直接关系到产品品质,因此是极其关键的一道工序。

最后从搅拌机中取出的涂料用筛网去除玻璃碎片,然后放进调和槽中再次边搅拌边调整黏度和颜色。这道工序结束后用过滤器过滤掉涂料中的异物,就能填充到成品容器里进行包装了。

立式连体砂磨机。
照片提供 / 日本 Paint Marine 股份有限公司

卧式砂磨机。
照片提供 / 日本 Paint Marine 股份有限公司

9-4 根据涂装的部位、海域和船速细致地进行涂料调配

本节介绍日本船舶涂料生产商之一的日本 Paint Marine 股份有限公司的涂料研制。该公司根据船体各部分所处的环境研发出特性、种类繁多的涂料。首先是最容易生锈的压载水舱。压载水就是海水，主要用于船舶空载时，使船体下沉以避免螺旋桨出水，并确保船舶稳性、防止海浪冲击船首和船底。因此船舶要根据装载货物多少来压入或排放压载水。

正是由于压载水舱有时浸满海水，有时又暴露在空气中，环境变化频繁导致它最容易生锈，而且它在电化学防腐方面也有要求，因此为了涂装压载水舱，专门研制出了防腐蚀性优秀的胺固化环氧树脂特种防锈涂料。在近几年的双壳油船上，整艘船涂料使用量的近 50% 都用于进行压载水舱内的涂装了。

其次比较麻烦的是涂覆在沉入海面下的船底部位的涂料。这个部位除了对钢铁外表面的防腐蚀性要求颇高，同时还需要具有防止海草或藤壶等海洋生物附着于涂装表面的防污性，因此采用了先用环氧树脂类的防锈涂料打底，再涂上一层环氧树脂类的涂料作为中间层，最后再涂上船底防污涂料作为最上层的涂装工艺。过去用作船底防污涂料的是能防止海洋生物附着的有机锡制成的涂料，但因其对海洋生态环境造成了极其不良的影响而被全球范围内禁止使用，取而代之的是含有分解速度快、生态毒性低且不易积存的氧化亚铜等十几种物质所制成的防污涂料。

由于防污效果因海域或船速等航行条件而异，所以有时把改变了配方的涂料涂在钢板上，将钢板长期浸没在海里来调查生物附着情况，甚至有时也会直接涂在船上，调查实际航海时的海洋生物附着情况。

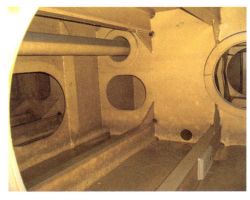
压载水舱内的涂装。

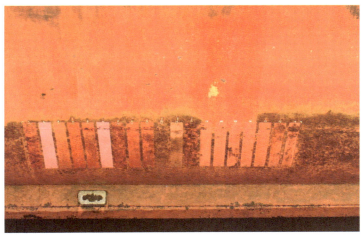
船底外板上涂着呈长方形的各种涂料，以此来检验各种涂料的防污效果。
照片提供 / 日本 Paint Marine 股份有限公司

9-5 利用光滑的船体表面实现节能

涂在船舶底部的涂料以自抛光型涂料为主。自抛光型的涂料表面在水解作用下会逐渐溶解。它依靠船舶航行时水流产生的摩擦力使凹凸不平的表面变得光滑从而使海洋生物无法附着,是种特性优异的涂料。

日本 Paint Marine 股份有限公司的 EcoflexSPC 涂料是种把特殊的丙烯酸酯共聚物作为基本树脂原料,以氧化亚铜作为主防污剂的世界上第一款不含锡的水解型船底涂料。该公司自主研发了这一产品并申请了专利。

这种涂料的特点在于它能保持一定的溶出速度,拥有防污效果的氧化亚铜会持续不断地从表面溶解出来以阻碍海洋生物的附着。这个溶出速度是通过设计调节涂料中原料的种类和量来决定的。比如说有一艘航速为 15 节(27.78 千米/时)的船舶,其涂装间隔是 36 个月,假设涂层厚度为 144 微米,那么涂层厚度就必须以每月 4 微米的速度减少。为了确认溶出速度,把涂料涂到一个旋转的圆筒上,让圆筒以和船舶速度相同的圆周速度旋转以测量涂层厚度的减少量。

除此之外,日本 Paint Marine 股份有限公司仍在继续研发新的船底涂料,比如受海洋生物的启发而开发的节能型涂料 LF-Sea。LF 取自 Low Fuel Consumption(低油耗)的首字母。该涂料的发明是受到了在水中以低阻力高速度游动的海豚和金枪鱼的皮肤的启发,利用高吸水性聚合物(即水凝胶)所拥有的吸水性能,使水停留在凹凸不平的涂装表面的凹陷处。这使得船体表面上看起

第 9 章 涂装技术

来光滑无比,经过试验已经证明和一直以来所用的涂料相比,它能够多节能 4%。

为调查涂料的实际效果,在海中进行试验。

在木筏上把涂覆了各种涂料的实验材料吊在海中试验。

使用旋转圆筒进行试验。

照片提供 / 日本 Paint Marine 股份有限公司

9-6 涂装质量会因涂装工艺得到很大改善

涂料的品质固然非常重要，但涂装的工艺也同样十分关键。如果涂装的工艺不够完善，就会加速腐蚀并最终影响船舶的使用寿命。首先必须要把准备涂装的钢板或钢材表面处理干净，这叫作表面处理。即便是从钢厂制造出来的钢材，在刚送到造船厂时，其表面也会浮着一层铁锈。此时需要使用喷砂除锈装置，将微小的钢砂以高速撞击到钢材表面把铁锈打落。这道工序的完成质量等级需用ISO标准来衡量。除此以外，表面的盐分、油污和水分等都必须完全去除。

船舶涂装主要使用高压无气喷涂机。在高压无气喷涂机内将涂料加压，然后将涂料从喷嘴喷到船体表面。有时也会给涂料加温，这样有助于获得比较厚的高黏度涂料涂层。另外，涂装时的环境也非常重要，钢材的温度需要控制在5~50℃之间，相对湿度保持在85%以下，露点温度须为3℃。如今所有的造船厂都有专门给船体分段等进行涂装的涂装厂房来控制涂装环境。

其次涂装时保持一定的涂层厚度也很重要。尤其是船底的防污涂料，若是自抛光型涂料的话，该涂层是会以一定速度磨减下去的，因此随着它逐渐变薄就很有可能在下次到船坞重涂前就消磨殆尽而让海洋生物开始附着到船底。此外，喷涂较难覆盖到的边缘部分和焊缝等时，需加一道使用毛刷或滚筒预先刷涂的工序，以保证涂层厚度。

最后还需注意的是要遵守需涂两道以上工序时的涂装时间间隔。间隔时间不够，会使前一道工序涂层尚未干透、完全固化或使第二道以后的涂层皱缩、滑落。而若间隔时间过长,也会导致涂料附着得不够牢固。

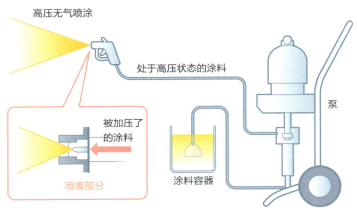

给涂料加压后从喷嘴喷出。在涂装比较厚的高黏度涂层时使用。

正在船坞给需维修的船舶进行涂装作业。

照片提供 / 日本 Paint Marine 股份有限公司

9-7 一眼就能看出涂层厚度的划时代涂料

进行涂装作业时，让涂层拥有一定的厚度对延长船舶使用寿命有决定性的作用，但实际操作起来却并不那么简单。比如涂装的次数低于标准次数，涂层厚度就会不够厚，或者像船体分段的边角等部位，只用喷枪进行涂装很难使涂料充分喷涂上去。

但是要计算确认出如此宽阔的船体表面所有涂层的厚度，实际是无法操作的。

可虽说如此，假设船舶就这样在涂层厚度不够标准的情况下被送入船坞进行下一道工序的话，厚度不够的部位就会出现锈斑乃至会有褐色的铁锈流下来。

尽管这个问题在某种程度上被认为是不可避免的，但日本 Paint Marine 股份有限公司的技术人员成功研发出了仅凭肉眼就能马上知道涂层厚度的梦幻般的涂料。

那就是 NOA 系列涂料。该涂料成分组合的设计使其在尚未达到既定厚度前底下涂层的颜色会透出来，能被看见。凭借这一特性，纵然是像船体那么宽阔的表面上的涂装也能一眼就分辨出涂层厚度不够的地方。

使用了具备这种功能的涂料，不仅提升了涂装的品质，有效提高了船舶的使用寿命，还减少了不必要的喷涂过厚，从而削减了涂装成本。

第 9 章 涂装技术

凭肉眼就能分辨厚度的 NOA 涂装

喷涂板上的涂装样品
（规定涂层厚度 320 微米）

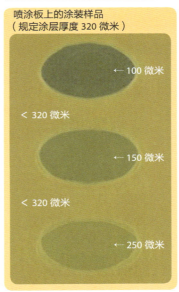

←100 微米

< 320 微米

←150 微米

< 320 微米

←250 微米

涂装的涂层厚度只要薄于既定厚度，下层铁板的颜色就会透出来。而一旦达到了既定涂层厚度，涂料颜色就会呈现为原本的黄色。
图片提供 / 日本 Paint Marine 股份有限公司

实际船舶涂装。正在用喷枪喷涂。
图片提供 / 日本 Paint Marine 股份有限公司

207

专栏 6 为什么在波浪中船速会下降？

船舶在有波浪时的航行速度会比没波浪时的航行速度慢，这是因为波浪作用使船体的阻力增加导致的，这一现象称为波浪增阻。尤其当船的前方受到迎面而来的波浪时，阻力会大幅增加。

当船舶在波浪中边大幅度运动边航行时，这种波浪增阻的值会变大，并在船的长度和波浪的波长一致时达到最大值。另外，波浪中因船体运动导致的兴波也会增加船受到的阻力。而随着现代船舶的大型化，长度在 300 米以上的船也并不鲜见，海浪的波长最多为 150 米左右，大船在这种程度的波浪中基本不会摇晃。

不过即便如此，大船在迎浪状态下速度仍会下降。相关研究人员认为这是由船首反弹波浪导致的阻力增加。因此，为了减小迎浪时的阻力，造船厂对于船首形状专门提出了各种各样的设计方案。

把水面上的船首设计成尖尖的样子可以减少波浪中阻力增加。

第 10 章
救生艇制造技术

以防万一、有备无患的救生艇,在关键时刻可以救人性命。它的可靠性至关重要。本章就来介绍其制造方法。

10-1 救生艇是用什么材料制造的？

船舶一旦遭遇触礁或碰撞导致沉没的危险性升高时，船长就会下令全体船员弃船。这种情况下就要用到救生艇。在沿岸航行的船舶上，也会配备充气橡皮筏来代替一般的救生艇，但航行在国际航线上的船舶基本上都会配备橘黄色的救生艇。采用鲜艳的橘黄色是国际公约所定，因为它是在海面上最容易引人注意的颜色。不过最近也有些重视美观的客轮申请使用其他颜色，因此只要是在海上易被发现的颜色，就允许被使用。

位于日本大阪府堺市的信贵造船厂股份有限公司是救生艇的制造商之一。过去的救生艇是用铁和木头制成的，如今基本都使用一种叫作FRP的玻璃钢来制造。FRP的名称取自Fiber Reinforced Plastic的首字母，就是玻璃纤维增强塑料。

其他国家也有以玻璃（Glass）的第一个字母为首字母的，简称这种材料为GRP。由于塑料这种材料本身比较脆，因此加入了

船上搭载的救生艇。

作为增强材料的玻璃纤维。虽说有"玻璃"两个字，但并非是像窗户玻璃那么坚硬的物质，而是呈细丝状的柔软材料。

FRP不但轻而且耐腐蚀，作为最适合用来制作需长期配备在船舶上的救生艇的材料被广泛使用。信贵造船厂也曾制造木制救生艇，但从1960年开始改为制造FRP救生艇了。

因为救生艇肩负着在波涛汹涌的大海中切实保护船员和乘客生命的使命，所以相关设计人员经过精心设计，使它即便发生倾覆也必定能凭自身的复原能力重新翻回来（即自扶正能力），乃至就算出现破洞也不会沉没。

为增强强度，在塑料中编入玻璃纤维。

硬化后就会变成塑料的树脂。

让树脂硬化的硬化剂。

照片提供 / 信贵造船厂股份有限公司

10-2 救生艇的设计思路是什么样的？

信贵造船厂的救生艇的设计思路遵循极致的安全和简单的就是最好的（Simple is best）的原则。要实现极致的安全就是如前页所述，具有自扶正能力，即使有破洞也不会沉没等基本性能。救生艇可以说是一艘既不会翻也不会沉的船。

为使其具有自扶正能力，设计人员将艇的重心设计得很低，使其在完全倾覆时有较大的浮力作用于其水面下尽可能深的位置。船的内部区域塞入了重量很轻的聚氨酯泡沫塑料，这样即使船体区域出现破洞，海水也不会浸入。还有像油轮上使用的一种救生艇，当海面上燃烧着漏出的原油时，可以从救生艇顶部洒下海水形成水膜包裹住整个艇体从而能安全逃离火海。另外还有种抛落式救生艇，在人员乘上艇之后，救生艇会从像水滑梯一样的斜面上滑下落到海面。

救生艇不只要拥有这些高性能，它的设计还必须尽可能简洁，不添加任何多余的功能或装备，这一点也很关键。因为在危急时刻设备发生故障无法使用的概率是和救生艇的结构复杂程度成正比的。因此简单的就是最好的（Simple is best）成了救生艇设计的基本原则之一。也就是要求救生艇能在罕见的紧急逃生时刻，确保100%的概率可以使用。

救生艇的基本性能在联合国的海事专业组织——国际海事组织（IMO）所制订的SOLAS公约（国际海上人命安全公约）中有明确的规定。它必须能保持6节（11.112千米每小时）的航速以及储存够三天的食物和饮用水。

第 10 章　救生艇制造技术

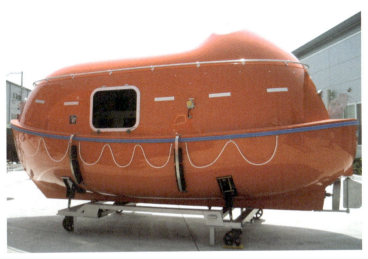

救生艇的外观。

救生艇的内部。　　　　　照片提供／信贵造船厂股份有限公司

10-3 使救生艇耐用的制造技术

生产模具是用来重复制造大量救生艇、类似于金属模具的工装，它非常坚固、不易变形。在信贵造船厂内的场地上，有数量众多各类船型的生产模具等待着各自的出场机会。让我们来看下使用这种生产模具制造救生艇的过程吧。

首先给生产模具涂上叫作凝胶层的表面涂层材料。这层涂层会附到成形后的救生艇表面。需要高超的技术才能让这层凝胶层拥有均匀的厚度。工人会一边让生产模具倾斜一边小心谨慎地把凝胶层涂遍整个模具。

其次在凝胶层上面，再涂抹上添加了固化剂的树脂材料和玻璃纤维并使其固化。这道工序有两种方法，一种是先铺上布片一样的玻璃纤维布，再用滚筒将树脂渗入使其固化；另一种是一边把丝状的玻璃纤维剪短一边把它和树脂一起喷涂上去。后者的生产效率较高，但对于尤须保证高强度的救生艇制造工艺来说，采用的是前者，即层叠玻璃纤维布的方法。

树脂在层叠的过程中会发热，并且在固化的过程中还会收缩。在制造过程中还需兼顾 FRP 材料的特性。固化速度会因温度和湿度等的环境变化而变化。与生产模具同样形状的 FRP 材料制成的救生艇，就是在这样同时需控制环境变化的过程中，以分毫不差的高精度制造完成的。最后，用起重机把制造完成的艇体吊起，从生产模具中分离出来，橘色的艇体就大功告成了。

第 10 章　救生艇制造技术

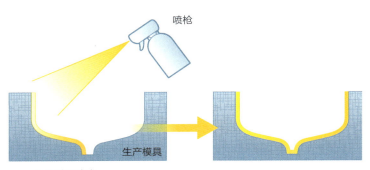

凝胶层喷涂。

层叠 FRP 材料的工序。
照片提供 / 信贵造船厂股份有限公司

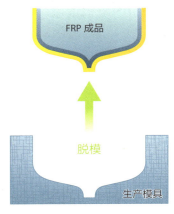

从模具中脱出。

10-4 通过坠落试验才终于成为合格品

　　一艘救生艇是由许多个部件构成的，把这些部件组装起来，一艘救生艇才基本成形。部件之间的连接方式有用螺栓螺母连接的，也有靠玻璃纤维和树脂层叠相接的。

　　另外，还需安装把艇放下去的各种金属部件、门窗、手柄等。接着还要安装发动机、舵、操舵装置等艇内舾装件。

　　装配完成后的救生艇会接受各种各样的检验，必须按照SOLAS等国际公约和船级社的规范等对救生艇的各种要求进行

舾装工程。左边是救生艇的上半部分，右边是下半部分。

设置在工厂码头的坠落试验设备。右边照片里是船落到海面的瞬间。

检验。

如果让人员乘坐救生艇后降落到了海面,释放勾却没松开而无法摆脱行将沉没的船舶,救生艇就有和船舶一同葬身海底的危险。

因此为检查是否可以安全摆脱要沉没的船舶,会在救生艇里摆放上超过满员重量 10% 的重物来进行试验。在信贵造船厂的码头,有一座高高的塔状试验设施,在那里可以进行自由落体式的救生艇坠落测试。当然也可进行实船试验。

通过了各种测试,救生艇终于可以出货了。在工厂码头边排列着的救生艇,属于小型的,就直接用卡车运走;大型的则用拖车运往造船厂完成交货。

一排制造完成准备出货的救生艇。　　照片提供 / 信贵造船厂股份有限公司

10-5 有即使翻覆了还能自行复原的救生筏吗？

作为救生艇的一种替代，现在有越来越多的船选择配备收纳在一个由 FRP 材料制成的容器里的救生筏，作为危难时刻离开船舶的避难工具。

救生筏的材质是橡胶布的（国际上多用聚氨酯涂层布）。橡胶具有质地柔软、重量轻和强度高的特性，是一种高分子材料，同时还具备绝缘、防水的性能。不过橡胶也存在拉伸强度低、易发生龟裂的缺点。为了克服这些缺点，便把橡胶和布料结合到一起制成了橡胶布。这种把种类不同的材料组合起来，使它们发挥各自长处的材料称为复合材料。

把这种橡胶布拼接起来就能制成救生筏。救生筏平时折叠起来收纳在 FRP 材料制成的容器里，当容器一接触到水面便会立刻自动注入二氧化碳，使救生筏膨胀浮在水面上。这时救生筏若是呈翻覆状态浮着就没法正常使用，因此救生筏上还安装着叫作水囊的水箱来降低救生筏的重心。有了它，救生筏就能竖直在水中膨胀以正面朝上的状态浮在水面上。救生筏从落到水面到完全打开的时间为 10~25 秒。

由于装着救生筏的容器安置在船上较高的位置，因此必须保证所设计的救生筏不会因落到海面所产生的冲撞而损坏。为实现这一要求，救生筏上汇集了各种高端技术。根据国际公约规定，救生筏必须确保从 18 米以上的高度坠落仍能正常打开使用。除此之外，还规定了在气温 –30~65℃ 的环境里能正常使用，救生筏自

第 10 章 救生艇制造技术

身质量不能超过 185 千克（超过时需配备下水装置），以及在各种海上环境中都能坚持 30 天等要求。

以这种状态落入海中。照片中的救生筏额定载员为 6 人。

额定载员为 20 人的膨胀式救生筏。
照片提供 /RFD 日本股份有限公司

即使翻覆也能自动复原的救生筏。

照片提供 /RFD 日本股份有限公司